A terapia das histórias

SABOR de VIDA

- *A terapia das histórias: porque todos tem direito a um final feliz*
  Maria Salette de Assis Silva
- *A verdade que liberta: contos e parábolas para compreender melhor o Evangelho*
  Pedro José Conti
- *Abrindo caminhos: parábolas e reflexões*
  Dom Itamar Vian e Frei Aldo Colombo
- *Autoestima: o toque mágico de uma vida feliz*
  Carlos Afonso Schmitt
- *Automotivação : um jeito de superar limites*
  Carlos Afonso Schmitt
- *Digestão emocional: para situações que ainda estão atravessadas em sua garganta*
  Maria Salete e Wilma Ruggeri
- *Do jeito certo: parábolas modernas sobre coisas antigas e novas*
  Dom Itamar Vian e Frei Aldo Colombo
- *Histórias da sabedoria do povo*
  Carmem Seib
- *Histórias de vida: parábolas para refletir*
  Dom Itamar Vian e Frei Aldo Colombo
- *Jovi, o filhote mensageiro: uma fábula sobre fraternidade e adoção*
  Tânia de Freitas Resende
- *Para viver melhor*
  José Maria Alimbau Argila
- *Que amor é esse? Vivenciando a energia que move a vida*
  Maria da Piedade Medeiros Paiva
- *Você acredita, o inconsciente realiza*
  Carlos Afonso Schmitt

Maria Salette de Assis Silva

A terapia das histórias
Porque todos têm direito a um final feliz

Paulinas

Dados Internacionais de Catalogação na Publicação (CIP)
(Câmara Brasileira do Livro, SP, Brasil)

Silva, Maria Salette de Assis
  A terapia das histórias : porque todos têm direito a um final feliz! / Maria Salette de Assis Silva. – São Paulo : Paulinas, 2011. – (Coleção sabor de vida)

  ISBN 978-85-356-2885-2

  1. Autoconhecimento 2. Autoestima 3. Automotivação 4. Conduta de vida 5. Emoções 6. Felicidade 7. Histórias de vida I. Título. II. Série.

11-09447 CDD-158.1

Índice para catálogo sistemático:
1. Sentido da vida : Psicologia aplicada 158.1

1ª edição – 2011
5ª reimpressão – 2024

Direção-geral: Bernadete Boff

Editora responsável: Andréia Schweitzer

Coordenação de revisão: Marina Mendonça

Copidesque: Mônica Elaine G. S. da Costa

Revisão: Sandra Sinzato

Gerente de produção: Felício Calegaro Neto

Capa e diagramação: Manuel Rebelato Miramontes

Nenhuma parte desta obra pode ser reproduzida ou transmitida por qualquer forma e/ou quaisquer meios (eletrônico ou mecânico, incluindo fotocópia e gravação) ou arquivada em qualquer sistema ou banco de dados sem permissão escrita da Editora. Direitos reservados.

Cadastre-se e receba nossas informações
www.paulinas.com.br
Telemarketing e SAC: 0800-7010081

Paulinas
Rua Dona Inácia Uchoa, 62
04110-020 – São Paulo – SP (Brasil)
📞 (11) 2125-3500
✉ editora@paulinas.com.br
© Pia Sociedade Filhas de São Paulo – São Paulo, 2011

*Agradeço a todos os monitores
dos grupos das Oficinas de Emoções,
por dedicarem parte de seu tempo
ao trabalho de apoio emocional realizado
pela Casa de Maria Embaixadora da Paz,
através do qual são ajudadas milhares
de pessoas que, ao praticarem
a caminhada de autoconhecimento,
fazem uma nova leitura de suas próprias histórias,
descobrindo que todos têm direito a um final feliz.*

*Agradeço, especialmente, à minha afilhada,
amiga e irmã de caminhada, Eliana Ricco Manoel,
por estar ao meu lado durante todo o tempo
em que escrevi este livro.*

Sumário

Apresentação 9

Uma doença pode mudar nosso estilo de vida 11

O que para uns é motivo de lamentação,
para outros pode ser de motivação 19

O tamanho dos nossos problemas
está diretamente ligado a nossa percepção 27

Kiá, kiú: duas palavras que podem mudar
a direção da nossa vida 33

Transformamo-nos naquilo que acreditamos ser 41

Conhecer e respeitar o limite entre nós
e as pessoas com as quais convivemos 49

Quando cuidamos de alguém, aumentamos
o sentido da vida 59

Quem disso não usa, disso não cuida 67

Amar é, também, proporcionar
a independência do outro 75

Uma perda pode trazer um ganho maior 83

A família tem importante papel na vida das pessoas 91

Amigo na praça vale mais do que dinheiro na caixa 97

O amor, às vezes, dói 105

A força do desejo pode nos transformar em guerreiros ... 113

*Os bens que possuímos devem ser aproveitados
enquanto estamos vivos*.. 121

*Só corremos atrás do que precisamos quando temos
a consciência de que nos falta algo*.. 129

*A vida pode ser mais leve se nos livrarmos
dos pesos desnecessários*.. 137

*As nossas convicções precisam ser regadas
com amor e perseverança*.. 143

*Quando nos dispomos a ajudar, podemos
superar nossos próprios limites*.. 151

*Acomodar-se ao desconforto ou procurar conhecer
a causa do problema*... 159

*A nossa aparência pode falar mais
do que nossas palavras*.. 167

*O sucesso nos relacionamentos depende
da comunicação*... 175

O inesperado faz parte da vida.. 183

Música, identidade e comportamento... 191

Precisamos de bem menos do que possuímos 199

*A aparência externa depende daquilo
que é cultivado no interior*.. 207

Nem todo barulho é ruim 215

*Existe um mundo bem maior
do que aquele em que vivemos*... 223

O êxito depende do planejamento 231

Romper as amarras do sentimento de incapacidade........ 239

Apresentação

Desde que chegamos a este mundo construímos a nossa própria história, além de auxiliarmos na construção da história das pessoas a nossa volta.

Este livro se propõe a ajudá-lo a reorganizar sua vida pessoal, através de trinta narrativas, que ensinarão a enxergar e sentir a vida de maneira mais simples e leve.

Todos têm direito à felicidade. A questão não está naquilo que temos ou que somos. O segredo está na forma de utilizar o que possuímos no momento presente para sermos felizes.

Uma doença pode mudar o nosso estilo de vida

No corre-corre da vida, não temos tempo para cuidar da nossa saúde, até que uma doença nos força a dar uma parada e, a partir daí, percebemos o quanto precisamos mudar.

Às vezes, uma enfermidade é tudo que precisamos para transformar os nossos hábitos.

Quanto tempo me resta, doutor?

Uma senhora que há muito tempo se encontrava doente resolveu ir ao médico, sozinha, a fim de pedir-lhe que fosse honesto no prognóstico e falasse, exatamente, o que ela tinha e o quanto lhe restava de vida.

A sua família procurava sempre animá-la dizendo que a cura era questão de tempo, mas no íntimo ela sentia que estavam lhe escondendo algo.

Naquela manhã, ela acordou decidida a conversar com o médico, sem interferência de nenhum parente. Ao chegar ao consultório, pediu ao especialista explicações detalhadas sobre a sua enfermidade e a possibilidade de cura.

– Infelizmente a senhora desenvolve uma doença incurável – disse o profissional constrangido. – Não há esperança para cura, porém, com os remédios, a senhora pode viver de dez a quinze meses com uma boa qualidade de vida.

A mulher não se mostrou muito surpresa, pois, no seu íntimo, já esperava escutar tais palavras, e agradecendo ao médico pela sinceridade, saiu do consultório se dirigindo a um grande parque próximo dali.

Precisava organizar as ideias, pensar no que fizera durante toda a sua vida e também naquilo que deixou de fazer. Depois de andar por algumas horas e meditar sobre tudo o que estava acontecendo, ela voltou para casa, reuniu a família e contou já saber que lhe restava pouco tempo de vida.

O marido e a filha a abraçaram entre lágrimas e ela, com semblante tranquilo, disse-lhes:

– Estive pensando sobre toda essa situação e tomei uma decisão: a partir de hoje viverei um dia de cada vez... Deterei minha atenção apenas em situações que me transmitam paz e alegria. Também vou me esforçar por fazer, diariamente, pelo menos uma boa ação e procurarei todas as pessoas de quem tenho mágoas a fim de viver a experiência do perdão. Não darei atenção para a doença, nem para ideias negativas. Esta é uma nova etapa na minha vida e creio que, também, na vida de vocês.

A partir daquele dia, mesmo com dificuldades, ninguém mais comentava sobre a doença ou qualquer outra coisa ruim. Naquela casa, ouviu-se mais música, mais risos, e houve mais portas e janelas abertas. A mulher procurou os amigos que há tempo não via, pedindo perdão para aqueles que tinha magoado e demonstrando gratidão aos que sempre estiveram ao seu lado.

Todos os dias saía para usufruir mais do contato com a natureza e praticar atos de bondade e gentileza.

Assim, passaram-se alguns meses e também o prazo que o médico havia dado para a sua vida.

Depois de dois anos, sentindo-se muito bem, ela resolveu voltar ao médico para uma nova consulta e, para sua surpresa, a doença havia regredido bastante, tornando-se latente, sem mais se manifestar. Diante da nova situação, o profissional exclamou sorridente:

– Nunca ocorreu caso de regressão deste tipo de patologia, porém, não sei como, a senhora conseguiu vencê-la. O que lhe aconteceu?

– A última vez que estive aqui me fez refletir sobre o quanto perdemos tempo com as situações negativas. Isso fez mudar o meu estilo de vida e, a partir daí, decidi só valorizar os bons momentos da vida. Creio que este seja o melhor remédio que o senhor pode receitar para os seus pacientes.

E abraçou o médico. Voltou para casa a fim de comunicar a boa-nova à sua família.

Ela continuou vivendo naquele novo estilo de vida, pois bem sabia que havia sido essa mudança que a salvara.

Releia esta história,
analisando o que ela tem a ver com você.
Use as perguntas abaixo para auxiliar sua reflexão.

- O seu corpo já sinalizou que você precisa cuidar mais de sua saúde?

- Considerando o seu estilo de vida atual, você consegue avaliar como estará a sua saúde física e emocional daqui a algum tempo?

Uma doença pode iniciar uma nova fase em sua vida

Há pessoas que só mudam o estilo de vida quando são acometidas por uma enfermidade ou por um sério problema. Estas situações não surgem de um dia para outro; vão sendo acumuladas ao longo do tempo e, uma hora, se manifestam em forma de transtornos físicos, emocionais, profissionais ou de relacionamentos. Quando isso acontece, cada pessoa reage de maneira diferente: umas procuram mudar o seu estilo de vida e outras dão mais força ao problema através dos sentimentos de inconformismo, tristeza, revolta e autopiedade.

Esta história nos ensina a analisar uma situação-problema por outro ângulo; ela nos convida a mudar nossa escala de valores.

Ser uma pessoa menos preocupada; não guardar mágoa; aproveitar "o lado bom da vida"; sorrir mais; ter mais contato com coisas saudáveis e prazerosas; procurar evitar, o máximo possível, conviver com situações estressantes e não dar "ibope" para as desgraças; tudo isso nos ajudará a enfrentar as dificuldades de forma menos sofrida e poderá, até mesmo, nos levar à cura de doenças do corpo e da alma.

Fazer o bem, ser gentil, praticar uma boa ação diariamente são comportamentos que ajudam a experimentar a paz e a alegria de viver.

Tudo depende da maneira como encaramos as situações. Os nossos sentimentos estão diretamente ligados a nossa forma de pensar. Quando interpretamos os problemas usando bons pensamentos, ou seja, procurando entender o que eles podem nos ensinar, conseguimos sentir as dificuldades de forma diferente e somos capazes de descobrir novos horizontes. Foi o que ocorreu com aquela senhora da história. Ela foi capaz, em meio ao caos, de perceber a vida de maneira diversa. Uma doença mudou a sua vida para melhor.

Pode acontecer com qualquer pessoa. Aquilo que hoje nos aflige nos convida a realizar mudanças em nosso comportamento.

Cabe a cada um perceber quais as atitudes que precisam ser tomadas e, sem deixar para depois, começar, agora, uma nova etapa na sua existência.

Exercício de introspecção

Espreguice o seu corpo, alongue seus braços para cima, para trás, para o lado direito, para o lado esquerdo.

Abra a boca, boceje e procure se acomodar confortavelmente onde você está. Relaxe o peso do seu corpo.

Descontraia os músculos e sinta o ar fazendo uma limpeza em você.

Coloque as duas mãos no abdômen, sinta a respiração como um processo de desintoxicação, em que o ar leva para dentro de você muita paz e coloca para fora tudo aquilo que lhe tira a tranquilidade.

Acomode-se bem em sua cadeira, relaxe ainda mais, descontraia a face, a testa, os lábios, a língua dentro da boca. Procure não pensar em nada, esqueça o que está ao seu redor. Pense que esse momento é só seu. Se aposse dele para fazer uma viagem para dentro de si mesmo, usando a sua imaginação.

Pense num lugar com muita natureza, muita paz, muita luz. Imagine-se andando descalço sobre um imenso gramado verde e macio. Procure sentir o vento tocando suavemente sua pele. Ouça o canto dos pássaros, o barulho das folhas ao vento e o som das águas correndo num pequeno riacho. O céu está azul e o sol começa a aparecer. É um espetáculo de luz muito bonito e você sente muita paz e alegria por estar neste lugar. Procure saborear este momento.

Perceba o quanto isso lhe faz bem e há quanto tempo você não usufrui momentos assim... Imagine-se sentado numa pedra ao lado do riacho e aproveite para refletir sobre o seu estilo de vida.

Avalie o seu grau de estresse, de irritação e de nervosismo. Analise para onde tudo isso o está levando; veja o quanto isso prejudica o seu corpo, sua mente e seu espírito.

Esse é um momento em que você pode melhorar a sua consciência sobre si mesmo e perceber o que precisa mudar. Observe seus comportamentos atuais, seus relacionamentos, suas atitudes diante das frustrações das situações-problema e desenvolva uma disposição interior para um novo estilo de vida; pense que existem coisas que não pode mudar, porque não dependem de você, mas existem outras que você pode modificar, porque só dependem da sua consciência, vontade e ação. Decida-se a fazer a sua parte.

Imagine Jesus à sua frente e converse com ele:

– Jesus, eu desejo mudar o meu estilo de vida... (repita várias vezes).

– Jesus, eu desejo aproveitar mais aquilo que já tenho e que pode me proporcionar paz e alegria... (repita várias vezes).

– Jesus, ajuda-me a superar as mágoas e inconformismo... (repita várias vezes).

– Jesus, ajuda-me a fazer o bem todos os dias... (repita várias vezes).

– Jesus, Jesus, Jesus... (repita várias vezes).

Para auxiliar em sua transformação interior

- Evite preocupações exageradas; procure viver um dia de cada vez, um momento de cada vez.

- Diante de uma doença ou de um problema, evite inconformismo e procure compreender o recado dos fatos.

- Em sua rotina, crie tempo para hábitos saudáveis. Dedique-se a práticas que podem lhe gerar prazer e realização pessoal.

O que para uns é motivo de lamentação, para outros pode ser de motivação

𝒟epende de cada um transformar as dificuldades do passado em força de motivação para realizar os sonhos no presente.

*Como pode duas pessoas,
diante de uma mesma situação,
reagirem de forma tão diferente?*

O mendigo e o empresário

Num domingo, durante uma manhã ensolarada, um importante empresário foi fazer uma caminhada numa praça, próximo de onde morava. Lá chegando, observou um homem deitado num dos bancos, todo sujo e rasgado. Interessado em saber a história de vida daquele desafortunado, o empresário aproximou-se dele e perguntou:

– O senhor mora perto daqui?

– Não – respondeu o pedinte –, eu não tenho um lugar fixo para morar, a maior parte do dia vivo nas praças.

– O senhor não tem família? – continuou o empresário.

– Já tive, mas por causa da bebida me abandonaram.

– O senhor tem alguma profissão? Fez algum curso?

– Não – respondeu o mendigo –, eu fui o filho mais velho de um pai alcoólatra que nunca teve condições de me pagar estudo. Minha mãe trabalhava dia e noite para nos sustentar, a mim e mais três irmãos, mas tinha saúde debilitada e logo adoeceu. Depois que ela morreu, não suportei viver mais ali e saí de casa. Apesar de ter visto todo o estrago causado pelo álcool à minha família, me tornei também um alcoólatra, e tudo que o meu pai fazia com a minha mãe acabei fazendo com a minha esposa, que não aguentou e foi embora.

E o mendigo, suspirando, conclui o seu desabafo:

– Acho que, se o meu pai tivesse sido diferente eu seria uma pessoa bem-sucedida como você.

O empresário que o escutava atentamente se sentou ao seu lado a fim de contar um pouco da sua própria vida:

– Eu também tive um pai alcoólatra como você, minha mãe morreu quando eu era bem novo, mas foi exatamente por ver o que o álcool causou na vida de minha família que eu resolvi dar um rumo diferente a minha história. Comecei a trabalhar mais cedo, me esforcei, estudei e consegui fazer uma faculdade.

E, dando uma pausa, olhou serenamente nos olhos do pedinte, concluindo:

– Atualmente tenho uma esposa e dois filhos e consegui constituir uma família totalmente diferente daquela em que fui criado, justamente pelo exemplo que tive na minha infância.

O que para um foi motivo de lamentações e fracasso, para o outro foi motivo de incentivo e vitória.

> *Releia esta história,*
> *analisando o que ela tem a ver com você.*
> *Use as perguntas abaixo para auxiliar sua reflexão.*
>
> - Quais situações você presenciou na sua família que não gostaria que acontecesse na sua vida pessoal?
> - Como você se sentia diante de certas situações que lhe causaram mal-estar no passado?
> - Alguma dessas situações já lhe serviu de exemplo para ser uma pessoa melhor, como fez o empresário da história?

Quando superamos o inconformismo, conseguimos transformar o fracasso em incentivo para a vitória

A experiência com situações desagradáveis faz parte da nossa caminhada nesta vida, porém, dependendo da maneira como as encaramos, elas nos servirão de alavancas para atingirmos nossos sonhos ou de algemas capazes de nos amarrarem ao passado, impedindo-nos de prosperar e bloqueando nossa felicidade.

Tudo é uma questão de interpretação dos fatos.

Cada um traz em sua história acontecimentos que, de alguma forma, causaram desgastes físicos e emocionais.

Podemos ter convivido com um pai alcoólatra, uma mãe doente, um professor carrasco... Podemos, também, ter passado por situações de fome, desemprego, abusos, maus-tratos etc., todavia, se superarmos as mágoas e inconformismos, serão exatamente essas experiências que nos tornarão pessoas especiais.

As coisas que um dia nos destruíram emocionalmente podem se transformar em força de motivação para conseguirmos alcançar nossas metas no presente. Contudo, para isso, é necessário evitarmos nutrir sentimentos de autopiedade e decidirmos usar as experiências desagradáveis como aprendizagem capaz de nos mostrar o que queremos e o que não queremos para nossa vida pessoal.

O mendigo e o empresário passaram pelas mesmas situações traumatizantes na infância, entretanto, a grande diferença entre eles foi que um depositou seus olhos naquilo que lhe tinha acontecido, nutrindo assim um eterno inconformismo, e o outro olhou para aquilo que ele desejaria que acontecesse e criou um modelo antagônico para a sua vida pessoal, e isso lhe gerou uma grande força interior capaz de transformá-lo naquele empresário de sucesso.

Exercício de introspecção

Espreguice o seu corpo e acomode-se bem onde você está.

Descontraia os músculos e sinta a sua respiração como um processo de desintoxicação.

Concentre sua atenção em sua pele, que é o maior órgão do nosso corpo; envie um comando para ela relaxar e sinta-a relaxar desde a cabeça até os pés.

Desligue-se de todos os ruídos externos e concentre-se nesse exercício de introspecção.

Conte de cinco a zero e, a partir daí, prepare-se para fazer uma viagem através da sua imaginação.

Imagine-se numa praça pensando na vida. Visualize o lugar com árvores frutíferas, fonte de água limpinha, pássaros voando, comendo e se acomodando nos galhos das árvores.

Você está sentado num banco e se aproxima de você um senhor muito simpático que puxa conversa e senta-se ao seu lado.

Procure fazer dessa conversa um momento para desabafar tudo o que você viveu e que ainda lhe causa angústia. Relate para esse homem os traumas da sua vida.

Fale das situações que o fizeram sofrer com o seu pai, sua mãe, seus irmãos, sua família, com pessoas que passaram pela sua infância, adolescência e todas as outras fases de sua caminhada até hoje.

Nesse momento, o senhor que o está escutando atentamente fala que você pode dar uma nova interpretação para tudo isso, basta considerar os traumas do passado como exemplo daquilo que pretende para o seu futuro.

Agora, o rosto desse senhor se enche de luz e todo o seu ser fica iluminado. Então, você reconhece nele a fisionomia de Jesus, que olha em seus olhos e lhe fala:

– Toda dificuldade pode ser encarada como uma alavanca para torná-lo uma pessoa mais forte e melhor; ame a sua história do jeito que ela é, com todas as alegrias e tristezas, pois contém tudo aquilo que você precisa para construir a felicidade no aqui e no agora.

Nesse instante, o seu coração se acalma e a luz de Jesus invade sua mente, seu corpo, seu espírito. Sinta a energia do Príncipe da Paz em todas as suas células.

Fale com ele:

– Jesus, obrigado por tudo o que eu vivi... (repita várias vezes).

– Jesus, eu desejo aceitar e amar a minha história do jeito que ela é... (repita várias vezes).

– Jesus, ajuda-me a transformar os traumas do passado em lições positivas para minha vida... (repita várias vezes).

– Jesus, Jesus, Jesus... (repita várias vezes).

Para auxiliar em sua transformação interior

- Busque na sua história as situações que o marcaram negativamente e analise como estão os seus sentimentos em relação a elas.

- Evite nutrir autopiedade, inconformismo, revolta ou outros sentimentos que o fazem ainda sofrer.

- Imagine que as frustrações do passado podem servir de referencial àquilo que você deseja incluir ou evitar na sua vida.

O tamanho dos nossos problemas está diretamente ligado a nossa percepção

Quando melhoramos nossa percepção sobre aquilo que nos perturba, diminuímos o peso e o impacto dessas dificuldades em nossa vida.

Você já esteve tão envolvido em um problema que passou a enxergá-lo maior do que você?

A montanha da paz

Numa região rural, de natureza exuberante, havia um povoado cercado por uma serra muito bonita.

Entre as montanhas existia uma, a mais alta, que se chamava montanha da paz, pela suavidade das cores e formas de sua vegetação.

Muitas pessoas subiam até o seu cume para desfrutarem da beleza natural do local. Entre os moradores do lugar, desenvolveu-se o hábito de subir à montanha da paz cada vez que alguém se sentia estressado ou preocupado com algum problema.

Sentada lá em cima da montanha, a pessoa percebia suas dificuldades diminuírem de proporção, e quanto mais olhava para baixo, mais se convencia de que seu problema era menor do que imaginava.

De lá de cima tudo parecia ser pequeno e ter, praticamente, o mesmo tamanho.

Ao descer a montanha da paz, a pessoa sentia-se melhor, com a sensação de que toda dificuldade era pequena diante da grandeza de um mundo tão maravilhoso.

> *Releia esta história,*
> *analisando o que ela tem a ver com você.*
> *Use as perguntas abaixo para auxiliar sua reflexão.*
>
> - Você já se sentiu fraco ou desmotivado diante de um problema?
>
> - Atualmente, existe alguma dificuldade que está sugando suas forças?
>
> - Já passou a encarar um problema de forma mais tranquila por ter mudado sua percepção sobre ele?

As dificuldades podem não desaparecer, mas, se as percebermos de um ângulo diferente, poderão nos causar menos impacto

A maneira como percebemos e sentimos certas situações está diretamente ligada ao nosso ponto de vista.

A forma de enxergarmos e nos posicionarmos diante de um fato estressante pode definir o peso e o impacto que ele nos causa.

É como alguém que vai visitar um museu e observa as estátuas lá existentes. Ao olhá-las de frente poderá perceber que possuem diferentes tamanhos, formas e expressões; diante de algumas, talvez, sinta alegria, entusiasmo e leveza, enquanto diante de outras, tristeza ou angústia. Entretanto, se o observador subir para um pavimento superior de onde possa observá-las numa visão panorâmica, ao chegar ao alto terá uma percepção diversa, pois todas parecerão ter o mesmo tamanho e suas expressões estarão longe de ser captadas como reais. Então, as que provocaram tristeza, a distância, parecerão praticamente iguais àquelas que transmitiram alegria. Do alto as diferenças diminuem e tudo tende a se igualar.

Cabe a cada um de nós, quando estivermos diante de certas dificuldades capazes de nos tirar a paz, procurar percebê-las por outro ângulo, imaginando-nos acima de todas elas. Podemos usar a nossa imaginação para nos sentirmos maiores que os problemas e, se for preciso, mentalmente, subir à montanha da paz, criando a ideia de que estamos acima de tudo e aquilo que nos aflige está muito distante de nós.

Exercício de introspecção

Acomode-se bem onde você se encontra.

Dê uma boa espreguiçada. Alongue os braços. Relaxe os ombros, a nuca, as costas.

Coloque suas mãos sobre o abdômen e observe a sua respiração.

Imagine o ar entrando e saindo do seu organismo, garantindo a sua existência.

Agora que você está calmo e relaxado, visualize a montanha da paz.

Pense em um lugar bem bonito, uma montanha alta, cheia de verde, flores, pássaros e uma trilha onde você passa a andar por um bom tempo.

Passo a passo, você vai subindo à montanha e se distanciando, cada vez mais, do local de onde veio.

Você está, agora, na metade do percurso e senta-se para descansar ao lado de uma fonte de água potável.

Permita-se sentir o frescor da água na sua boca, no seu rosto, nos seus braços.

Depois de descansar por um instante nesse local, você continua a caminhada e chega até o cume da montanha da paz.

De cima você avista algumas pessoas, árvores, animais, e tudo parece ter diminuído de tamanho.

Você fica aí por alguns momentos, contemplando a beleza da natureza e pensando que todas as suas dificuldades estão distantes e tornaram-se menores porque você está mais alto do que elas.

Nesta hora, você sente um vento diferente chegar junto de você e, para sua surpresa, Jesus aparece ao seu lado e lhe fala:

– Esta é a minha montanha: "Montanha da Paz". Aqui você pode vir quantas vezes desejar, a fim de restaurar suas forças e sua paz interior.

Diante dessas palavras, olhe para Jesus e peça-lhe:

– Jesus, eu desejo a sua paz... (repetir várias vezes).

– Jesus, eu acredito que para Deus nada é impossível... (repetir várias vezes).

– Jesus, eu creio no teu amor e no teu poder de solucionar todos os problemas... (repetir várias vezes).

– Jesus, coloco em tuas mãos toda a minha vida, todos os meus planos, todas as minhas alegrias e todas as minhas preocupações... (repetir várias vezes).

– Jesus, Jesus, Jesus... (repetir várias vezes).

Para auxiliar em sua transformação interior

- Observe, no seu dia a dia, como você se sente e se comporta diante das dificuldades.

- Ao sentir inquietude ou se desestabilizar emocionalmente diante de pessoas ou fatos, proponha, para si mesmo, subir à montanha da paz.

- Ao subir à montanha (através de sua imaginação), sinta-se como se estivesse sentado no alto, de onde todo problema parece pequeno e está muito longe de você.

Kiá, kiú: duas palavras que podem mudar a direção da nossa vida

A vida é cheia de situações em que precisamos acelerar ou frear nossos impulsos. Falar "sim" ou "não" no momento certo fará a diferença entre o sucesso e o fracasso, a felicidade e a infelicidade.

Você já observou que, em alguns momentos, precisa de um acelerador para vencer a insegurança e, em outras situações, de um freio para colocar limites em seus impulsos?

A linguagem dos gansos

Um biólogo, que trabalhava numa reserva florestal, observou, por muito tempo, os gansos selvagens e descobriu um comportamento muito interessante entre eles. Quando os gansos novinhos iam voar pela primeira vez, recebiam dos gansos mais velhos um incentivo para vencer o medo desse primeiro voo.

O biólogo ficou tão fascinado com a descoberta que investiu mais na pesquisa.

Depois de meses de observação, ele concluiu seu trabalho, dizendo que os seres humanos podiam aprender muito com aqueles animais.

Quando os filhotes vão voar pela primeira vez, expressam insegurança e muitos não conseguem voar, permanecendo no solo que, até então, é o lugar onde se sentem mais seguros. Nesse momento, a comunidade dos gansos adultos se posiciona no chão, junto aos gansinhos, formando uma meia-lua, onde os filhotes se encontram no centro. Todos juntos emitem um som alto e repetitivo, a uma só voz:

– Kiá, kiá, kiá, kiá, kiá...

Ao escutarem o *kiá*, os gansinhos vão se enchendo de coragem e conseguem superar o medo, voando pela primeira vez. Este é um momento de festa, em que o céu é o palco deste lindo espetáculo. Contudo, há outro momento em que a comunidade dos mais velhos, novamente, entra em cena. É quando alguns gansinhos passam dos limites de segurança para um voo tranquilo. Nessa hora os gansos adultos, ao perceberem que os mais novos estão voando mais alto do que deveriam ou indo mais longe do que o necessário, passam a emitir outro som:

– Kiú, kiú, kiú, kiú, kiú...

Ao escutarem o *kiú*, os gansinhos percebem o limite de até onde podem chegar e voltam para trás.

Aquele biólogo descobriu que *kiá* e *kiú* são vozes de comando para os gansos selvagens: a primeira voz incentiva e a segunda põe limite. Ele concluiu sua pesquisa dizendo:

– Não só os gansos selvagens necessitam de um *kiá* e de um *kiú* para fazerem o primeiro voo e saberem o momento certo de voltar, mas também todo ser humano que deseja ter uma vida equilibrada e saudável.

---

*Releia esta história,
analisando o que ela tem a ver com você.
Use as perguntas abaixo para auxiliar sua reflexão.*

- Você percebe o momento em que precisa dizer a si mesmo um *kiá* ou um *kiú?*

- Quais as áreas na sua vida que mais precisam dessas vozes de comando?

- Você já sofreu, ou sofre ainda, as consequências por não ter usado o *kiá* ou o *kiú* no momento certo?

Quando conseguimos controlar nossas emoções com sabedoria, atingimos melhores resultados

Quando nascemos, iniciamos uma caminhada em que, a todo instante, aprendemos e ensinamos alguma coisa. Esse processo de aprendizagem é contínuo e permanente, e nos capacita a viver neste mundo de forma saudável e feliz.

Tão importante quanto lutar por nossos ideais é saber respeitar limites. Reconhecer o momento certo de dar o primeiro passo e perceber a hora conveniente de retornar nos dá melhores condições para realizarmos nossas conquistas com sucesso.

Seja em nossa vida pessoal ou em nossos relacionamentos, devemos estar atentos ao momento do *kiá* e do *kiú*, pois funcionam como ferramentas preciosas diante das diferentes situações da vida.

Se formos bons observadores, perceberemos que, dentro da nossa rotina, em quase todas as nossas ações existe um *kiá* e um *kiú* implícito.

No início da nossa caminhada neste mundo, quem nos dá o *kiá* e o *kiú* são os nossos pais e educadores, através dos quais aprendemos a distinguir o certo do errado, o bem do mal, o que nos convém daquilo que não nos é propício. À proporção que crescemos e nos tornamos adultos, assumimos nós mesmos este comando e, a partir daí, precisamos estar mais atentos ao que fazemos, a fim de que possamos acionar o acelerador ou o freio no momento certo e na medida certa.

O alcoolismo, a dependência química, o tabagismo e outros vícios de comportamento acabam se instalando na vida de certas pessoas pela falta do *kiú*. Faltou alguém dar o alerta de limite ou faltou a obediência a este sinal.

Traição, mentira, falcatruas. Roubos, furtos, sequestros. Violência, gastos excessivos, são exemplos da consequência da falta do *kiú* na vida das pessoas.

Esta história nos convida a resgatar o *kiá* e o *kiú* em nossa vida pessoal, pois estes importantes "comandos" podem nos ajudar a restaurar o equilíbrio físico e psíquico.

Há quem tenha aversão ao *kiú* por ter sido criado de maneira muito rígida ou por uma educação tão permissiva que nunca tenha tido limite algum. Há também aqueles que se tornam adultos inseguros e tímidos, por não terem recebido o *kiá* nos momentos em que mais precisavam de um empurrão, um incentivo.

Imagine que, como os jogos eletrônicos, você possui dois comandos nas mãos e que, dependendo da sua escolha, determinarão como resultado: a saúde ou a doença, o sucesso ou o fracasso, a felicidade ou a infelicidade.

Tenha sempre em mente estas duas maravilhosas palavras e, se for necessário, fale em voz alta: "Kiá...

kiú", pois, assim como no caso dos gansos, farão a diferença na sua vida.

Exercício de introspecção

Acomode-se bem onde você está e dê uma boa espreguiçada.

Relaxe os ombros, as costas, os braços e as mãos. Descontraia as pernas e os pés.

Coloque as mãos sobre o abdômen e sinta o movimento da sua respiração.

Procure relaxar, ainda mais, lembrando que você deseja se abastecer de paz e harmonia interior.

Imagine que, através da sua imaginação, você vai voar como os gansos selvagens.

Deseje realizar este voo.

Visualize o céu azul, o sol aconchegante, o vento suave. Pense que você está diante de uma planície muito bonita onde a natureza é exuberante.

No local, há árvores frondosas e um lindo riacho com águas muito limpas.

Você está dentro desse cenário.

Agora, aparecem no céu alguns gansos selvagens. Eles são calmos e acolhedores. De lá de cima olham para você e vêm ao seu encontro formando uma meia-lua, onde você fica no centro.

Agora eles olham para você com muita doçura e percebem que precisa reforçar sua coragem e autoconfiança. Começam, então, a emitir o *kiá* e, nesse momento, todos estão a uma só voz olhando para você e "falando":

– Kiá, kiá, kiá, kiá, kiá...

Este *kiá* chega lá dentro de você e, nessa hora, você se sente diferente. Para completar, Jesus aparece e impõe-lhe as mãos, enviando muita luz.

Ele o olha e, com semblante suave, fala:

– Kiá, kiá, kiá... Coragem, coragem, coragem. Confia em mim. Eu estou ao seu lado.

E assim você pega a mão de Jesus e sente o seu corpo sair do chão, tornando-se leve como uma pena.

Nesse instante, você percebe que está voando. Não tenha medo das alturas, Jesus está ao seu lado; desfrute desse cenário. Agora, Jesus o olha e fala:

– Kiú, kiú, kiú, kiú, kiú... É hora de voltar.

E, tranquilamente, você volta para o chão, agradecendo a ele por esse momento. Diga-lhe:

– Jesus, obrigado por este passeio (repita várias vezes).

– Jesus, eu desejo perceber os momentos em que preciso falar para mim mesmo *kiá* ou *kiú* (repita várias vezes).

– Jesus, desejo ter coragem e força para ouvir esses comandos de limites (repita várias vezes).

– Jesus, quando eu fraquejar, esteja do meu lado a fim de me reconduzir ao equilíbrio (repita várias vezes).

– Jesus, Jesus, Jesus... (repita várias vezes).

Para auxiliar em sua transformação interior

- Nunca despreze sua natureza humana. Considere que, a qualquer momento, ela pode lhe conduzir a fazer coisas das quais você poderá se arrepender, por isso esteja atento aos seus impulsos.

- Perceba a hora certa de agir. Não deixe que o medo o faça recuar diante daquilo que você deseja e que é bom. Lembre-se de que a força do *kiá* está dentro de você e, se for preciso, pronuncie várias vezes a palavra *kiá*, lembrando-se da história dos gansos.

- Esteja, também, atento ao momento certo de recuar. Considere que a falta de limite poderá levá-lo a consequências desastrosas. Nas ocasiões em que se sentir ameaçado de perder o controle, pronuncie várias vezes, com autoridade, a palavra *kiú*.

Transformamo-nos naquilo que acreditamos ser

Devemos estar atentos aos "rótulos" que adquirimos ao longo do tempo, bem como aqueles que colocamos nas pessoas com as quais convivemos, porque eles podem definir o rumo da nossa vida.

Você já observou que há pessoas que recebem um "rótulo" ou apelido que as marcam para o resto da vida?

O ladrão que virou guru

Um ladrão que, há algum tempo, tramava assaltar um shopping center, conseguiu entrar no local disfarçado de funcionário da limpeza.

Mas, ao final do expediente, o shopping fechou e ele ficou preso lá dentro.

Apavorado, começou a elaborar um plano para ninguém perceber sua intenção naquele local, a fim de que, no outro dia, pudesse sair sem ser alvo de desconfiança.

Pela manhã, ao escutar o barulho do administrador abrindo a porta principal, ele sentou-se em posição de meditação, no meio do jardim de inverno, fingindo ser uma estátua.

As pessoas que passavam por ali logo perceberam a sua presença naquela área e, constatando sua serenidade e postura de meditação, passaram a comentar umas com as outras que o shopping havia contratado um guru.

Em pouco tempo, aglomerou-se muita gente ao seu redor e algumas dessas pessoas até pediam-lhe conselhos.

Ao perceber o rumo que as coisas haviam tomado, o ladrão aproveitou a situação e assumiu a postura de um sábio conselheiro, comportando-se como um verdadeiro mestre e passando a dar orientações para quem solicitava.

Logo o administrador do shopping percebeu a multidão que se formara ao redor do desconhecido e enxergou aí uma oportunidade de atrair mais clientes. Por isso, convidou-o para continuar a desenvolver o seu trabalho naquele local e, em troca, ofereceu-lhe um bom salário.

Surpreso, o ladrão aceitou a proposta de emprego que, além do salário, lhe proporcionaria receber valiosos donativos dos fiéis agradecidos.

Entre as orientações fornecidas por ele, uma estava sempre presente:

– Meus amigos, busquem a sabedoria em suas vidas, pois ela pode transformar, até mesmo, os piores ladrões.

Releia esta história,
analisando o que ela tem a ver com você.
Use as perguntas abaixo para auxiliar sua reflexão.

- Você acredita que uma pessoa possa melhorar suas ações por sentir-se reconhecida como alguém capaz de fazer o bem?

- Você já se sentiu beneficiado ou prejudicado por algum conceito que certas pessoas desenvolveram a seu respeito?

Você se torna aquilo que acredita ser

Aquele ladrão entrou no shopping com a intenção de roubar, no entanto, a situação que se criou em torno dele deu-lhe a oportunidade de sentir-se valorizado e reconhecido, e isso foi suficiente para mudar a sua vida.

Em nossos relacionamentos, costumamos desenvolver conceitos ou preconceitos em torno das pessoas com as quais convivemos e, sem percebermos, acabamos por rotulá-las com nossos pensamentos e julgamentos. Um rótulo pode marcar uma pessoa positiva ou negativamente, como também pode influenciar seu comportamento e definir o rumo da sua vida.

Na família, no trabalho, na vizinhança, é comum alguém ser chamado de "preguiçoso", "burro", "esquisito", "incompetente", "fracassado", "mentiroso", "bêbado"... e outros "nomes" que acabam por reforçar essas características negativas da pessoa que já possui certas limitações ou fraquezas.

Aquele ladrão ainda era ladrão quando as pessoas passaram a chamá-lo de sábio, mas, de tanto escutar que era sábio e ser tratado como alguém especial, ele assumiu o comportamento de um sábio, conseguindo superar o hábito de roubar.

É importante prestarmos atenção na maneira pela qual tratamos certas pessoas, pois nossas atitudes podem influenciar na imagem que elas têm de si mesmas.

Podemos contribuir com nossos conceitos e rótulos para alguém ser melhor ou pior.

Quando desejamos ajudar o outro, não devemos lembrá-lo, a todo momento, de suas fraquezas. Mesmo que elas ainda persistam, podemos falar das qualidades que vemos nele.

Da mesma forma, podemos analisar os rótulos que as pessoas nos colocaram ao longo do tempo. Desde a infância, na escola, entre os amigos, até o momento atual, fomos reconhecidos por alguns "nomes" que, às vezes, nos denegriram e acabaram sendo agregados a nossa autoimagem.

Se você deseja ser feliz, é preciso estar de bem consigo mesmo; é necessário restaurar sua autoestima, e o primeiro passo para isso é analisar os rótulos que fizeram ou fazem parte de sua vida, principalmente aqueles que denegriram a sua autoimagem, que o influenciaram a ser quem não gostaria.

Pense que todos esses rótulos negativos não lhe pertencem, não fazem parte de você. Desenvolva uma nova percepção a seu respeito; fale para si mesmo que é filho de Deus e possui todas as condições para ser feliz.

Reconstrua sua autoimagem, escolha outros títulos para si mesmo, comece por criar uma imagem própria positiva e se esforce para se aproximar deste seu ideal. Aos poucos você pode se transformar nesta pessoa que escolheu ser. Acredite que isto é possível. E se desejar dar continuidade a esse autoconhecimento, procure profissionais especializados e grupos de apoio emocional, pois a restauração da autoestima é um processo que, algumas vezes, requer um reforço maior.

Exercício de introspecção

Dê uma boa espreguiçada.

Acomode-se bem onde você está.

Respire fundo, sentindo o ar entrar e sair livremente do seu organismo.

Agora, lembre-se de todas as palavras e expressões que você escutou de outras pessoas e que denegriram sua imagem.

Imagine que a cada expiração esses rótulos estão saindo de você. Eles vão se desprendendo de sua mente e deixando espaço para as palavras e expressões positivas.

Pense naquilo que você tem de bom: suas qualidades, habilidades e aptidões. Imagine o quanto já ajudou algumas pessoas e como fez diferença uma palavra ou um gesto seu na vida de alguém.

Você é capaz de realizar muitas coisas boas.

Fale para si mesmo:

– Eu sou capaz (repita várias vezes).

Nesse momento, Jesus está escutando sua voz. Ouça, também, a voz dele dizendo-lhe que você veio ao mundo para ser feliz e que possui todas as qualidades necessárias para isso.

Fale com o Mestre da Paz:

– Jesus! Eu desejo acreditar mais em mim... (repita várias vezes).

– Jesus! Restaura a minha autoimagem... (repita várias vezes).

– Jesus! Resgata as minhas qualidades, principalmente a de perdoar todas as pessoas que me prejudicaram com suas palavras negativas... (repita várias vezes).

– Jesus, obrigado por estar comigo!... (repita várias vezes).

– Jesus, Jesus, Jesus... (repita várias vezes).

Para auxiliar em sua transformação interior

- Observe, entre as pessoas de sua convivência, se existem rótulos que possam trazer prejuízos à imagem delas e procure substituí-los por novas expressões que reforcem suas qualidades e características positivas.

- Fale para as pessoas que "você acredita nelas", principalmente para aquelas tímidas, medrosas ou com hábitos inadequados de comportamento. Diga-lhes que são boas e capazes de fazer diferença neste mundo.

- Se você foi, ou é, vítima de rótulos que denegriram a sua autoimagem, não se aposse deles. Você é aquilo que pensa ser. Portanto, pense coisas boas de si mesmo e tenha este modelo como referencial para nortear seus sentimentos.

Conhecer e respeitar o limite entre nós e as pessoas com as quais convivemos

A base de uma boa convivência está no respeito entre as pessoas.

Você já pensou na possibilidade de existir um cordão invisível em torno do qual as pessoas demarcam o seu território?

O mendigo e o barbante

Antônio era um homem muito dedicado à família. Ele acreditava que a maior herança que podia deixar para seus filhos era uma boa educação; por isso, pelo menos uma vez por semana, Antônio os levava para passear pela cidade onde morava, aproveitando as oportunidades do momento para dar-lhes lições de vida.

Um dia, num desses passeios, pai e filhos caminhavam pelo centro da cidade, quando se depararam com um mendigo que morava numa calçada debaixo de um viaduto. O pedinte havia limitado o lugar onde dormia com um cordão, formando um retângulo diante do qual os transeuntes desviavam "obrigatoriamente" o percurso. No interior do espaço demarcado, ele guardava seus pertences. Lá havia um colchão onde dormia, uma caixa de papelão onde guardava suas roupas e uma vassoura.

Antônio percebeu que poderia usar a situação para ensinar algo a seus filhos e, assim, se deteve ali mais um tempo.

Nesse momento, o pedinte apanhou a vassoura e passou a varrer, cuidadosamente, o espaço que formava o retângulo e no qual estava inserido.

Uma das crianças olhou para o pai e disse:

– Papai, por que esse moço colocou aquele cordão no meio da calçada por onde tanta gente passa?

– Este cordão serve para sinalizar o espaço em que ele dorme e guarda os seus objetos pessoais, meu filho! – disse Antônio.

A criança continuou falando:

– Mas a calçada não é dele!

– Você tem razão meu filho – respondeu o pai –, a calçada é pública, mas como ele não tem onde morar utilizou parte deste espaço para fazer a sua casa. Aquele barbante serve para alertar as pessoas, que passam por ali, de que precisam respeitar o que há no interior do retângulo. Ele sinaliza até onde podem ir.

Antônio continuou falando, enquanto os filhos escutavam, atentamente, mais uma lição de vida:

– Meus filhos, esta situação que vocês estão vendo agora faz parte do relacionamento entre as pessoas. O ser humano possui necessidade de ter privacidade e de ser respeitado. Para que os nossos relacionamentos tenham paz e harmonia é preciso imaginar em volta de cada pessoa esse cordão que sinaliza até onde podemos chegar. É uma questão de limite, de território e de alerta.

Nesse instante, as crianças abraçaram o pai agradecendo por ele ensiná-las tantas coisas importantes. E assim Antônio continuou seu passeio com o coração cheio de alegria por ter percebido que seus filhos aprenderam mais uma lição de vida, talvez uma das mais essenciais: "A lição dos limites entre pessoas".

> *Releia esta história,*
> *analisando o que ela tem a ver com você.*
> *Use as perguntas abaixo para auxiliar sua reflexão.*
>
> - O que você pensa sobre a expressão: o meu limite termina quando o limite do outro começa?
>
> - Nas ocasiões em que você se sentiu invadido de que maneira sinalizou o seu território?
>
> - Quando as pessoas reclamam de suas atitudes, você considera a possibilidade de ter invadido o espaço delas?

É necessário reconhecer o limite que demarca o espaço de nossas ações e palavras diante das pessoas com as quais convivemos

Desde o nosso nascimento, estamos inseridos em comunidades nas quais convivemos com as diferenças entre as pessoas.

A boa convivência se tornou um desafio e uma arte que vem sendo cada vez mais estudada e incentivada especialmente no meio empresarial.

As empresas descobriram que a capacidade da boa convivência, principalmente de respeitar limites, é mais importante do que o currículo ou a inteligência de um funcionário.

Saber calar-se no momento preciso, não falar nada ou saber conter as emoções e os impulsos diante de situações delicadas são algumas características de comportamento valorizadas numa instituição, pois é através dessas posturas que se evitam transtornos interpessoais que acabam afetando, de alguma forma, todo o complexo comunitário.

A família é o primeiro grupo social em que somos inseridos; nele nos é ensinado, desde pequenos, a respeitar as pessoas com as quais convivemos, assim como também aprendemos a nos fazer respeitar por quem está a nossa volta.

Na família e na escola, aprendemos a usar expressões como "por favor", "com licença", "me desculpe", "você permite?", além das práticas de respeito a filas, a semáforos de trânsito, faixa de pedestre e o bom uso de lugares comuns como banheiros, refeitórios, cozinhas, calçadas etc.

Entretanto, em alguns lares não são desenvolvidas práticas de respeito entre seus membros, e as crianças que aí convivem acabam levando esse tipo de conduta para outros lugares depois que se tornam adultas.

A criança que é respeitada aprende a respeitar, mas o contrário também é verdadeiro, e aquele adulto que não sabe lidar adequadamente com os "espaços" das pessoas a sua volta, muito provavelmente não teve o seu "espaço" respeitado em sua infância.

Para respeitar limites é preciso primeiro enxergar esses limites e perceber o "cordão invisível" que se encontra em volta de cada um, seja quem for.

É necessário reconhecer o limite que demarca o espaço das nossas ações e palavras em relação às pessoas com as quais convivemos, considerando que as escolhas do outro, algumas vezes, são diferentes das nossas e, apesar do nosso amor para com um ente querido, é preciso dar-lhe a liberdade de escolher as próprias opções.

Devemos procurar fazer a nossa parte da melhor maneira possível, respeitando para ser respeitado.

Ter o discernimento e a coragem para falar "não" e "sim" nos momentos certos nos dá condição para uma boa convivência.

Dizer "não" sem medo e sem culpa, na certeza de que estamos contribuindo para o amadurecimento afetivo das pessoas e, também, que é um ato de amor que deve ser praticado por quem ama.

Com relação ao espaço físico que nos cabe, é essencial valorizá-lo e cuidar da melhor maneira possível do que possuímos. Organização e limpeza em nossas gavetas, nossas roupas, objetos pessoais e, principalmente, naqueles de uso coletivo. Saber usar o banheiro, a cozinha, a sala, as ruas, considerando que outras pessoas também usam esses lugares.

Enfim, o limite deve existir em tudo que fazemos e em tudo que permitimos que o outro nos faça, considerando como meta maior o bom relacionamento.

Exercício de introspecção

Espreguice o corpo.

Alongue seus braços para cima, para trás, para o lado direito, para o lado esquerdo. Abra a boca, boceje e procure se acomodar confortavelmente onde você está.

Relaxe o peso do seu corpo. Descontraia os músculos e sinta o ar fazendo uma limpeza em você.

Coloque as duas mãos no abdômen e sinta a respiração como um processo de desintoxicação, em que o ar leva para dentro de você muita paz e coloca para fora tudo aquilo que lhe tira a paz.

Acomode-se bem em sua cadeira, relaxe ainda mais, descontraia a face, a testa, os lábios, a língua dentro da boca. Desligue-se das preocupações e daquilo que está ao seu redor. Este momento é só seu, aposse-se dele; pense que irá fazer uma viagem para dentro de si mesmo usando a imaginação.

Conte de cinco a zero e, a partir daí, você terá uma experiência de paz e de espiritualidade.

Imagine-se andando num campo muito bonito, cheio de árvores, hortas e pomares, com pássaros cantando e o vento tocando a sua pele suavemente.

Mais adiante, você vê um riacho de água muito limpa e se aproxima dele, sentando numa pedra à sua margem. Tudo nesse lugar é bom.

Enquanto está ali, pense como Deus é maravilhoso e bondoso por criar lugares tão bonitos e uma natureza tão cheia de harmonia e paz.

De repente, você percebe, vindo nas águas puras do rio, um saco de lixo e, logo após, uma mancha escura. Em seguida, escuta o som de uma motosserra serrando uma árvore frondosa que levou cem anos para atingir aquele tamanho.

Também sente cheiro de queimado e logo percebe que alguém colocou fogo numa área próxima dali.

No meio desse cenário, aparece andando um homem com túnica branca, cabelos longos. É Jesus que está observando toda essa situação.

Ele chega, agora, bem perto de você e lhe fala:

– Este é o reflexo da falta de respeito dos seres humanos. As pessoas se tornaram egoístas e sem limites. Primeiro desrespeitam a natureza, depois desrespeitam umas às outras. É preciso voltar ao bom senso enquanto há tempo.

Nesse momento, Jesus olha para você, pega em suas mãos e lhe diz:

– Preciso da sua ajuda para restaurar a paz neste mundo.

E ao escutar isso você responde para ele:

– Senhor, eu desejo me unir a vós na conquista de um mundo melhor... (repita várias vezes).

– Eis me aqui, Senhor... (repita várias vezes).

– Reforça, em mim, o amor e o respeito a todas as obras da criação... (repita várias vezes).

– Jesus, Jesus, Jesus... (repita várias vezes).

Para auxiliar em sua transformação interior

- Procure observar o cordão invisível em torno das pessoas com as quais você convive.

- Imagine que as pessoas são "seres" distintos de você e têm necessidade de crescer afetivamente, construindo suas vidas a partir da própria experiência.

- Procure deixar claro para as pessoas com as quais você convive até onde elas podem ir, a fim de evitar que invadam o seu espaço e a sua privacidade.

Quando cuidamos de alguém, aumentamos o sentido da vida

A capacidade de cuidar é inerente ao ser humano e também a algumas espécies animais.

Você já pratica alguma forma de adoção?

Galinha que cria pato

Numa chácara havia muitos animais, entre eles uma pata e uma galinha que puseram ovos numa mesma época.

Certa noite, apareceu um teju e comeu os ovos da galinha e parte dos ovos da pata. O reboliço foi grande, pois, ao notarem a tragédia, as duas "mamães" ficaram desesperadas.

A pata ficou tão "chocada" com a situação que não quis mais saber dos ovos que restaram e abandonou o ninho.

Já a galinha, que perdera todos os seus, teve uma reação inesperada: ao ver que os ovos da pata ficaram órfãos, adotou-os, passando a cuidar deles com todo carinho.

Depois de certo tempo, os patinhos nasceram e a mamãe-galinha continuou a zelar por eles. Toda manhã levava-os para um passeio onde tomavam banho de sol, aprendiam a ciscar e comiam insetos.

Fato curioso era quando os patinhos se aproximavam do lago: ela ficava desesperada, pois tinha isso como perigo para seus "filhotes"; cacarejava tanto que eles desistiam e voltavam para trás.

E assim os patinhos cresceram e tornaram-se adultos, contando com a proteção da mamãe-galinha, que teve de acostumar-se com a ideia de vê-los nadar no lago da chácara.

> *Releia esta história,*
> *analisando o que ela tem a ver com você.*
> *Use as perguntas abaixo para auxiliar sua reflexão.*
>
> - Você já teve sob os seus cuidados uma pessoa, um animal ou uma planta? Como cuidou deles?
>
> - Você já se dedicou a algum serviço voluntário? Como se sentiu?
>
> - Você já foi adotado, emocionalmente, por alguém?

Quando amamos ou nos sentimos amados, experimentamos uma sensação de contentamento e, ao mesmo tempo, de paz interior

Quando falamos em amor, a primeira ideia que surge em nossa mente é a de relacionamento amoroso entre um casal, mas essa é apenas uma forma de exercitarmos esse sentimento.

O amor pode estar em todo relacionamento: entre parentes, amigos, colegas de trabalho, com os animais etc.

A capacidade de amar é inerente ao ser humano.

Quando amamos, sentimo-nos tão preenchidos que nos tornamos pessoas mais felizes e de bem com a vida.

Por outro lado, o contrário é verdadeiro, quando não exercitamos esse sentimento nos sentimos vazios, por mais que tenhamos ocupações na agenda.

Há pesquisas científicas que relatam os benefícios que esse sentimento traz para nossa saúde física e mental. Quem ama adoece menos.

Ao adotar os filhotes da pata, a galinha desta história conseguiu realizar-se, pois transferiu o amor que daria aos seus filhotes para os patinhos que precisavam de sua proteção. Dessa forma, todos saíram ganhando.

Você pode adotar muitas coisas: uma árvore, um idoso, um mendigo, uma criança, um doente, um preso, um animal, uma comunidade, um ideal...

No "jogo" do amor não há perdedores, somente vencedores. Mesmo quando sofremos por amor, há um ganho.

Quando falamos em adoção é comum pensarmos inicialmente no processo em que pais adotam filhos.

No entanto, existem muitas formas de adoção possíveis de ser praticadas.

Na realidade, a essência é a mesma, só muda o objeto da adoção.

Não necessariamente você precisa levar para casa o que está adotando, aliás, ainda será mais nobre de sua parte cuidar de algo ou de alguém respeitando sua individualidade e escolhas.

Você pode realizar um serviço voluntário em instituições ou, até mesmo, individualmente. Certamente, você deixará de fazer alguns passeios com os amigos, dedicar-se-á menos ao seu *hobby* predileto ou passará menos tempo com sua família, porém, tudo isso será recompensado quando, ao concluir o seu trabalho voluntário, notar um sorriso de gratidão como recompensa de sua dedicação.

Exercício de introspecção

Descontraia o tórax e abdômen.

Relaxe, também, os braços e as mãos... as pernas e os pés.

Com as mãos sobre abdômen, sinta o movimento que o ar realiza no seu organismo.

Acompanhe com sua mente o ir e vir dessa respiração.

Pense no quanto esse ar lhe beneficia.

Cada vez que ele entra em você renova a vida em todas as suas células e, quando sai, expulsa as toxinas, proporcionando-lhe uma limpeza... uma desintoxicação.

Pense na história bíblica do "bom samaritano" e qual o comentário de Jesus sobre as pessoas que passavam diante do doente abandonado.

Certamente você se lembra de que ele elogiou aquele que retirou o doente da rua, colocou-o em uma pousada, pagou sua hospedagem e, ainda, ao voltar de viagem, foi saber se precisava de mais alguma coisa.

Imagine que esse mesmo Jesus está, nesse momento, diante de você mostrando-lhe, como em uma tela de cinema, muitas pessoas que necessitam do seu cuidado. Elas estão no bairro onde você mora, na sua comunidade, nos hospitais, nos abrigos de idosos, nos orfanatos e, principalmente, na sua família.

Agora, Jesus fala com você e diz:

– Todas as vezes que você fizer um ato de amor para qualquer uma dessas pessoas, é para mim mesmo que o fará... No tempo de suas necessidades eu me lembrarei de que eu estava nu e você me vestiu, eu estava com fome e você me alimentou, eu estava doente e você cuidou de mim, eu estava preso ou abandonado no abrigo e você foi me visitar.

Responda para Jesus:

– Jesus, retira de mim todo medo, comodismo e desculpas que impedem de me envolver com as pessoas e o mundo a minha volta... (repita várias vezes).

– Jesus, obrigado por dotar-me de capacidade para amar... (repita várias vezes).

– Jesus, obrigado por todas às vezes que cuidaram de mim. Abençoa essas pessoas onde elas estiverem... (repita várias vezes).

– Jesus, eu desejo amar e me deixar amar... (repita várias vezes).

– Jesus, Jesus, Jesus... (repita várias vezes).

Para auxiliar em sua transformação interior

- Esteja atento às pessoas a sua volta. Na família, no trabalho, na comunidade, certamente existe alguém carente de atenção ou cuidado.

- Escolha uma instituição para visitar e verifique as necessidades do local. Quem sabe você torna-se um voluntário?

- Eleja no seu bairro uma árvore, um animal ou um morador de rua e verifique qual o tipo de assistência que você pode lhes dar.

Quem disso não usa, disso não cuida

Quando nosso pensamento está voltado para as boas ações, tudo o que está ao nosso redor parece ser bom, mesmo aquilo que é mau.

*Você já viveu uma situação de perigo
que só veio a perceber depois que tudo passou?*

A dona de casa, o lixo e o ladrão

Certo dia, ao se dirigir à calçada em frente a sua casa, a fim de depositar seu lixo, uma mulher notou um rapaz procurando algo dentro do carro de seu marido que estava estacionado naquele local.

Ainda com o lixo na mão, ela permaneceu atrás do rapaz, que se encontrava com metade do corpo dentro do carro e continuava mexendo no interior do veículo.

A mulher, que estava em pé, observava o jovem mexendo dentro do carro, julgando que este estivesse procurando alguma ferramenta, pois seu marido estava no bar da esquina, conversando com alguns amigos e, na sua mente, aquele rapaz pedira algo emprestado para ele e não estava conseguindo encontrar.

Pensando assim, ela resolveu ficar aguardando o desfecho daquela busca, a fim de prestar-lhe uma possível ajuda, caso ele não tivesse encontrado o que procurava.

Depois de alguns minutos, o rapaz voltou-se para fora do veículo, tendo em suas mãos o aparelho de som, que havia "retirado" do carro.

Ao se deparar com a mulher, frente a frente, o homem tomou um susto e ela, estendendo-lhe a mão, falou calmamente:

– Dá aqui!

Sem falar nada, meio atônito, o ladrão depositou o aparelho de som nas mãos da dona de casa e, subindo a rua, desapareceu. Foi só neste momento que a mulher entendeu que se tratava de um assalto...

Ela, ainda, deu um tempo para o rapaz se distanciar do local e só depois contou o fato para o marido.

> *Releia esta história,*
> *analisando o que ela tem a ver com você.*
> *Use as perguntas abaixo para auxiliar sua reflexão.*
>
> - Ao observar as pessoas à sua volta, que tipo de julgamento é mais comum na sua mente?
>
> - Você é uma pessoa que está sempre "com o pé atrás" diante das palavras e atitudes do outro?
>
> - Você já passou por algum constrangimento por ter feito um julgamento precipitado de alguém?

Quem cuida do bem, prefere ver o bem ao seu redor

O adágio popular fala que, "quem disso usa, disso cuida", mas podemos pensar que o contrário também é verdadeiro: "Quem disso não usa, disso não cuida".

É natural para alguém que está acostumado a nutrir maus pensamentos e vive num ambiente em que as pessoas veem o mal em quase tudo, ter também a tendência de ver o mal nas intenções e atitudes das pessoas à sua volta.

Ao observarmos crianças que convivem com adultos que criticam e julgam negativamente as pessoas no ambiente em que vivem, podemos percebê-las praticando esse tipo de comportamento.

O contrário também é verdadeiro. À medida que evitamos os julgamentos precipitados e procuramos ver o bem que está em cada pessoa, percebemos mais facilmente o "lado bom da vida".

Na verdade a vida é boa, as pessoas são boas, e tudo que existe neste mundo, a princípio, possui a essência da bondade em seu interior; contudo, alguns aprenderam a focar mais a atenção nas fraquezas dos outros, dando, assim, peso maior para o mal do que para o bem e, com isso, o mal cresce ainda mais e os conceitos negativos são generalizados.

Criamos padrões não saudáveis de pensamentos e atitudes que podem passar de pessoa para pessoa, na família, no trabalho, entre os amigos, na comunidade. Rotulamos antecipadamente certas ações e a consequência disso é um mundo cheio de pessoas desconfiadas, preconceituosas e maldosas.

Afinal, o que desejamos: ter razão ou ser felizes?

Se diante destas duas alternativas você escolheu ter razão, é interessante que reveja seus conceitos e escala de valores, pois pode se tornar uma pessoa cheia de razão, mas solitária e infeliz.

Entretanto, se você deseja ser feliz, está de parabéns, pois este desejo é a base da harmonia interior e da paz exterior.

Esta história, que aparentemente parece irreal, é um fato verídico e aconteceu, exatamente assim, com a fundadora da Casa de Maria Embaixadora da Paz, que é quem escreve este livro. Ela nos convida a refletir sobre a lente através da qual vemos e sentimos as pessoas a nossa volta. Ela também nos incentiva a resgatar a pureza da criança dentro de nós e nos encoraja a cultivar os bons pensamentos, pois mesmo que o mal exista, a força do bem nos protegerá e será capaz de transformar os corações daqueles que ainda não conhecem a verdadeira paz.

Exercício de introspecção

Espreguice o seu corpo.

Alongue seus braços para cima, para trás, para o lado direito, para o lado esquerdo. Abra a boca, boceje e procure se acomodar confortavelmente onde você está.

Relaxe o peso do seu corpo. Descontraia os músculos e sinta o ar fazendo uma limpeza em você.

Coloque as duas mãos no abdômen e sinta a respiração como um processo de desintoxicação, onde o ar leva para dentro de você muita paz e coloca para fora tudo aquilo que o incomoda.

Acomode-se bem em sua cadeira, relaxe ainda mais, descontraia a face, a testa, os lábios, a língua dentro da boca. Procure não pensar em nada, esqueça o que está ao seu redor. Pense que este momento é só seu, aposse-se dele para fazer uma viagem para dentro de si mesmo, usando a imaginação.

Conte de cinco a zero e, a partir daí, pense que viverá uma experiência de paz e de espiritualidade.

Agora, você vai considerar a forma como interpreta as pessoas. Imagine que, de alguma maneira, se deixou influenciar pelas pessoas com as quais conviveu desde criança até hoje.

Lembre-se das vezes em que se sentiu enganado, explorado e desrespeitado.

Traga à mente as situações dos profissionais que lhe ludibriaram, amigos que lhe trapacearam, parentes que foram desonestos...

Recorde os seus sentimentos, como você sofreu, pois acreditou nessas pessoas e foi traído por elas. Recorde também as vezes em que foi mal interpretado e sofreu muito por isso. Exatamente nesse momento Jesus está chegando e olha-o, vendo o seu coração ferido.

Ele fala que compreende tudo o que você sentiu e lhe diz que ele também foi traído, mas nem por isso deixou de acreditar no bem que existe em cada pessoa.

Imagine que Jesus está abraçando-o agora. Aceite esse abraço.

E, se você desejar, abra os braços em direção ao alto e cruze-os sobre o seu peito, numa atitude de quem está abraçando alguém.

Procure sentir a paz de Jesus entrando em você. Pense que o coração dele está batendo junto ao seu coração. E você está sentindo muita paz, pois o Príncipe da Paz está lhe abraçando, passando-lhe muita calma, muita luz.

Fale agora com ele, diga-lhe:

– Jesus, eu desejo superar as decepções e traições que as pessoas me causaram e me tornaram uma pessoa desconfiada... (repita várias vezes).

– Jesus, eu desejo renovar a minha maneira de pensar e interpretar as pessoas e o mundo a minha volta... (repita várias vezes).

– Jesus, ajuda-me a ver além das aparências humanas o bem que está em cada um... (repita várias vezes).

– Jesus, restaura o meu coração para que eu possa amar e tratar as pessoas com a pureza de uma criança... (repita várias vezes).

– Jesus, Jesus, Jesus... (repita várias vezes).

Para auxiliar em sua transformação interior

- Analise a sua história de vida pessoal e relembre os padrões de julgamento usados entre os adultos com os quais você conviveu. Observe se isso tem reflexo na sua forma de julgar as pessoas atualmente.

- Nos seus relacionamentos, primeiramente, procure considerar a possibilidade das boas intenções das pessoas e dê uma chance para que isso aconteça.

- Se ao considerar o bem você se deparar com o mal, procure imaginar que, ainda assim, o bem existe naquela pessoa; apenas naquele momento, ela se encontra longe da sua verdadeira natureza e, com a sua ajuda, poderá se reencontrar.

Amar é, também, proporcionar a independência do outro

O verdadeiro amor é aquele que compreende, respeita e incentiva o ente amado a desenvolver suas próprias potencialidades, considerando a necessidade de independência e liberdade existente em cada pessoa.

Você conhece alguém que tem medo de crescer e de se tornar independente?

A águia e seus filhotes

Uma águia construiu seu ninho, com todo cuidado, bem no alto de um rochedo.

A princípio ela utilizou gravetos grossos, a fim de garantir uma estrutura capaz de suportar ventos fortes; depois, ela forrou-o com suas próprias penas para que ficasse aconchegante e quentinho.

Após serem chocados por algumas semanas, os ovos eclodiram, dando origem a três filhotes muito famintos.

Todas as manhãs a águia-mãe saía para buscar alimentos para as avezinhas que cresciam e se enchiam de penas.

Certo dia, a águia percebeu que estava na época dos filhotes saírem do ninho para exercitar a habilidade de voar.

Mas apesar de as aguiazinhas estarem prontas para isso, resistiam à ideia; ninguém queria deixar o conforto do ninho.

Percebendo a acomodação, e até certo medo nos filhotes, a águia-mãe começou a retirar todas as penas que forravam o ninho, a fim de gerar um desconforto no local e induzir as aguiazinhas a voarem.

Como, ainda, ninguém manifestava a iniciativa de voar, a águia resolveu empurrar um filhote para fora do ninho, observando-o cair do alto do rochedo para baixo; e, antes deste tocar o chão, ela voou ao seu encontro, passando por debaixo dele, deixando-o pousar sobre suas costas.

Fez isso com os três filhotes durante algumas semanas, até que estes exercitaram suas asas o suficiente para sentirem-se seguros e voarem sozinhos.

Agora sua missão estava concluída.

Do alto do rochedo, podia observá-los voando independentes. Estavam prontos para realizar suas próprias conquistas.

Releia esta história,
analisando o que ela tem a ver com você.
Use as perguntas abaixo para auxiliar sua reflexão.

- Você percebe o momento em que precisa deixar que o outro assuma suas próprias responsabilidades?

- Você facilita ao outro se tornar independente ou vive sobrecarregado por certas pessoas dependerem tanto de suas ações?

- Você percebe que precisa superar algumas dependências? Em que áreas necessita de coragem e iniciativa para assumir mais sua própria vida?

Quem ama permite
que o outro se torne independente

Nesta vida somos um pouco águia, pois possuímos um impulso natural para vislumbrar novos horizontes. Sentimos a necessidade de voar com as nossas próprias asas, a fim de fazer nossas próprias escolhas. Quando isto não acontece, mais cedo ou mais tarde, tornamo-nos pessoas frustradas e até mesmo melancólicas.

Por outro lado formamos vínculos afetivos com os locais, as pessoas, os cargos ou funções que fazem parte da nossa vida desde que nascemos; isso nos proporciona segurança e contribui para nos sentirmos capazes de buscar nossas conquistas.

Dependendo da maneira como a pessoa foi criada, sua história e seu temperamento, sentirá mais facilidade ou mais dificuldade em deixar antigas seguranças, a fim de lançar-se às novas conquistas

Há quem já assume o comando de seus próprios voos, ou seja, de sua própria vida, mas, também, existem pessoas medrosas que se acomodam ou se acovardam e tornam-se dependentes de alguém, vivendo à sua sombra.

Há quem, desde cedo, já sabe o que quer, estuda, define-se profissionalmente e conquista seu lugar no mercado de trabalho. Outras pessoas, porém, são mais lentas, acomodam-se em casa, não fazem força para conquistar uma profissão ou um emprego. Essas, na maioria das vezes, vivem dependendo de favores, dinheiro, apoio material ou profissional de parentes ou amigos e, mesmo adultas, comportam-se, emocionalmente, como crianças.

A águia, na vida real, procede exatamente como na história. Para proporcionar a independência dos seus filhotes ela dá um "empurrãozinho" e, a partir daí, eles despertam para uma nova etapa de suas vidas.

Devemos analisar nossos comportamentos dentro da nossa família, diante de nossos amigos e colegas de trabalho, a fim de observarmos como está nosso grau de autonomia e segurança.

Por outro lado, é importante, também, não assumirmos mais do que devemos na vida das pessoas a nossa volta, pois é necessário para o crescimento emocional e realização delas que façam as próprias buscas, quando terão oportunidade de desenvolver seus potenciais em toda a sua plenitude. A exemplo da águia, podemos nos manter por perto para intervirmos nas eventuais necessidades.

Exercício de introspecção

Relaxe todo o peso do seu corpo, onde você se encontra.

Descontraia as costas, o abdômen, os braços e as mãos, as pernas e os pés.

Com as mãos no abdômen, observe a sua respiração.

Imagine que, cada vez que o ar entra em seus pulmões, leva para seu interior paz, calma, tranquilidade...

Pense, também, que cada vez que o ar sai de seu organismo coloca para fora estresse, agitação, nervosismo...

Respire profundamente e, conforme o ar vai entrando e saindo, você vai se sentindo mais leve, mais solto, mais livre...

Agora, visualize todos os tipos de dependência nos quais você se encontra amarrado. Veja essas dependências como algemas ou correntes atreladas a suas mãos. Pense em cada uma delas e o quanto lhe são pesadas, o quanto sua vida seria melhor se você tivesse força e coragem para se libertar delas.

Imagine que nesse momento Jesus se aproxima, enchendo de luz o local onde você se encontra.

Sinta-o chegando e ficando cada vez mais próximo de você.

Fale com ele, diga-lhe:

– Jesus, liberta-me de todas as amarras que bloqueiam minha capacidade de agir... (repita várias vezes).

Agora imagine que a luz de Jesus está incidindo sobre a sua mente, seu sistema nervoso, seu temperamento, e essa energia ficará impregnada em você, a fim de que possa superar o medo ou a insegurança em buscar novos horizontes.

Sinta-se livre e se aposse dessa graça.

Agradeça a Jesus por esse momento, diga:
– Obrigado, Jesus!... (repita várias vezes).

Para auxiliar em sua transformação interior

- Analise sua vida, nas diferentes áreas, e observe de que modo se encontra dependente de outras pessoas ou o quanto certas pessoas dependem de você.

- Avalie o seu grau de acomodação ou medo de enfrentar situações novas e o quanto isso o está impedindo de progredir.

- Decida-se por ser mais independente, assumindo aquilo que já tem condições ou permitindo que as pessoas assumam aquilo que elas já podem assumir sozinhas.

Uma perda pode trazer um ganho maior

Através de uma melhor compreensão da dinâmica de perdas e ganhos, podemos aproveitar positivamente aquilo que, a princípio, nos causou um dano.

Você já observou que há pessoas que, depois de uma perda, se tornam mais fortes?

A mulher da praça

Uma mulher vivia numa praça, próxima de um grande centro urbano.

Ela havia transformado aquele local em seu lar; ali ela dormia numa rede, amarrada entre duas árvores, e quando chovia, jogava um plástico sobre a rede e assim se protegia da chuva.

Possuía, também, uma caixa de papelão, onde guardava seus pertences pessoais, ou seja, roupas e alimentos que ganhava das pessoas que moravam na redondeza.

Certa vez, parou na praça um caminhão da prefeitura e recolheu tudo o que a mulher possuía.

A rede, o plástico e a caixa foram levados pelos funcionários municipais, que alegaram que ali ela não podia morar.

No outro dia após o ocorrido, a mulher estava no mesmo local. Mantinha uma fisionomia tranquila e estendia a mão para quem passasse, pedindo um auxílio.

Uma pessoa que já a conhecia dali, observando a ausência da rede e da caixa, perguntou-lhe o que havia acontecido.

Com voz calma e sem manifestar revolta a mulher explicou que a prefeitura havia passado por ali e levado tudo que ela tinha.

– Que absurdo! – disse o transeunte indignado com o fato.

– Eu não me preocupo com isso – respondeu a mulher –, porque toda vez que eles me tiram as coisas, as pessoas me dão outras e, na maioria das vezes, acabo recebendo mais do que possuía antes.

Naquele momento, o transeunte se despediu da mulher e saiu pensando no que havia escutado. Certamente, aquele era um bom exemplo de alguém que conseguiu interpretar uma situação de perda como uma possibilidade de um ganho maior.

> *Releia esta história,*
> *analisando o que ela tem a ver com você.*
> *Use as perguntas abaixo para auxiliar sua reflexão.*
>
> - Você já passou por perdas significativas?
> - Quais as perdas que melhoraram sua vida?
> - Que perdas você, ainda, não conseguiu superar?

De alguma forma, toda perda pode nos trazer um ganho

A vida é constituída de perdas e ganhos.

Quando nascemos, perdemos a proteção do útero materno e ganhamos o colo da mãe; depois, perdemos o colo para ganharmos a capacidade de andar com nossas próprias pernas.

Na vida escolar, perdemos o ninho da nossa casa para a escola, onde fazemos amigos e ganhamos novos conhecimentos.

A passagem da infância para adolescência e daí para a fase adulta nos confisca a vida "boa" sem muitas responsabilidades, mas, em compensação, ganhamos a condição de fazermos nossas próprias escolhas.

O casamento, também, é uma perda e um ganho ao mesmo tempo, pois deixamos o seio de nossa família de origem para formarmos uma nova família.

Não há perda sem ganho, como também não a ganho sem perda.

A vida se torna mais fácil quando compreendemos a dinâmica das perdas e ganhos como algo necessário para nossa evolução e crescimento emocional.

Nesta história a mulher da praça torna-se símbolo de desapego e confiança na Providência Divina. Para ela, amanhã sempre é um novo dia.

Podemos encarar as perdas como possibilidade de melhores ganhos; este tipo de percepção é um exercício que pode ser praticado com êxito quando, ao invés de nutrirmos revoltas e inconformismos, dermos lugar à crença de que tudo concorre para o nosso bem, mesmo aquilo que nos faz sofrer.

Quando passamos a ter uma percepção mais ampla dos fatos, constatamos que tudo na vida faz sentido. No entanto, é preciso manter a calma e confiar na

Providência Divina, pois estes são os ingredientes básicos para uma perda se transformar em um ganho maior.

Exercício de introspecção

Espreguice, movimentando o corpo em várias direções.

Procure acomodar-se bem onde você está.

Desligue-se de preocupações e ruídos externos.

Concentre-se apenas nesse exercício. Pense que esse é um momento especial, porque você irá renovar as suas forças emocionais e espirituais.

Deixe o ar entrar e sair, naturalmente, de você.

Imagine que, cada vez que o ar entra no seu organismo, leva para seu interior calma, esperança e fé. E cada vez que o ar sai, proporciona-lhe uma limpeza interior, colocando para fora as toxinas orgânicas e mentais.

Tudo que você deseja é estar de bem com você mesmo e com o mundo a sua volta. Por isso vai, agora, imaginar-se a pessoa mais feliz deste mundo.

Pense nessa possibilidade como sendo real.

Você é a pessoa mais feliz do mundo, porque já possui tudo o que precisa para ser feliz.

Visualize Jesus olhando para você e lendo o seu coração.

Ele é a pessoa que mais o conhece e sabe de todas as perdas que aconteceram em sua vida.

Diga para ele que você deseja uma graça especial para superar os sentimentos de inconformismo, saudade exagerada, revolta, mágoa, ressentimento, tristeza, fracasso, baixa autoestima, culpa e outras sensações ligadas a perdas do passado ou do presente, que lhe bloqueiam a capacidade de ser feliz.

Diga para ele:

– Jesus! Eu creio, mas aumenta a minha fé!... (repetir várias vezes).

– Jesus! Eu renuncio a todos os pensamentos, sentimentos e lembranças que me amarram às perdas que ainda não superei... (repetir várias vezes).

– Jesus! Eu entrego nas tuas mãos todas as perdas da minha vida!... (repetir várias vezes).

– Jesus! Ajuda-me a manter a calma e a fé na tua providência, a fim de esperar com tranquilidade os frutos positivos de certas perdas da minha vida!... (repetir várias vezes).

– Jesus, Jesus, Jesus... (repetir várias vezes).

Para auxiliar em sua transformação interior

- Observe seus sentimentos e reações diante da frustração de perder algo importante.

- Aproveite essas ocasiões para reavaliar seu grau de apego às coisas e às pessoas significativas.

- Tenha paciência e confiança na Providência Divina; espere que o tempo lhe dê clareza e lhe mostre a utilidade das perdas.

- Quando constatar os frutos positivos de uma perda ou transtorno em sua vida, louve e agradeça a Deus por isso.

A família tem importante papel na vida das pessoas

Quando compreendemos a importância dos vínculos afetivos e laços familiares, percebemos que são indispensáveis para nossa autossegurança.

Como você se sente em relação à sua família?

A tartaruga e seu lugar de origem

Um professor conversava com seus alunos sobre a importância da família na vida de uma pessoa. Ele falava que um dia eles iriam sair de casa, à procura de seus próprios caminhos, mas que, em qualquer lugar que estivessem, jamais deveriam esquecer a família.

Alguns jovens queixavam-se de que os pais não eram aquilo que eles gostariam; outros diziam que no dia em que conseguissem sair de casa jamais voltariam.

Para convencer os alunos da importância do vínculo familiar, o professor resolveu dar uma aula de biologia:

– Meus jovens, a tartaruga marinha nasce na areia da praia e, após sair do ovo, lança-se ao mar, onde viaja para lugares distantes. Ela conhece vários oceanos, experimenta águas geladas e profundas, e também mornas e rasas. Entretanto, quando se torna adulta, volta para a praia de onde saiu, a fim de pôr os seus ovos no mesmo lugar em que nasceu. Há algumas que chegam a nadar meses, enfrentando todo tipo de perigo, só para retornar ao seu lugar de origem, pois é só ali que elas se sentem completamente seguras. Assim também, um dia, no momento certo, vocês se lançarão no mar da vida e conhecerão diferentes lugares, entretanto, quando precisarem de um lugar onde realmente possam se sentir seguros, vocês lembrarão da família e, se for necessário, voltarão para ela, ou apenas pensarão nela e se encherão de confiança, na certeza de que estará sempre ali para acolhê-los.

À proporção que o professor explicava o comportamento das tartarugas marinhas, os alunos refletiam sobre seus vínculos familiares.

Então, o mestre concluiu a aula dizendo:

– A nossa família pode não ser aquela que gostaríamos, mas é com ela que podemos contar quando precisamos de apoio. Esta certeza alimenta nossa autossegurança e reforça nossa autoestima.

---

*Releia esta história,
analisando o que ela tem a ver com você.
Use as perguntas abaixo para auxiliar sua reflexão.*

- Atualmente, que tipo de relacionamento você tem com a sua família?

- Ao recordar a sua infância e os lugares em que você foi criado, quais os sentimentos que afloram?

- Sua família representa um porto seguro para você? Por quê?

Quando o navio se lança ao mar, rumo a novos lugares, deixa um porto seguro para trás, mas tem a certeza de que, quando voltar, ali ele estará esperando o seu regresso

Todos nós temos uma família em que nascemos e fomos criados. Pela lei natural da vida as pessoas nascem, crescem, tornam-se adultas e, em um dado momento, deixam suas famílias para construir a própria vida.

Como as tartarugas marinhas, elas vão à busca de seus ideais, que algumas vezes estão bem distantes do lugar de origem; contudo, quando passam por alguma tribulação, elas procuram apoio e orientação nos membros de sua comunidade primitiva.

Saber que a família está em algum lugar disposta e aberta a nos escutar e apoiar nos momentos em que precisarmos dela, nos dá segurança para continuarmos a busca de nossos ideais.

É comum e natural acontecerem desentendimentos entre os membros de uma família, porém, essas situações são superadas com o tempo e a maturidade das pessoas. É importante considerar que, como não somos perfeitos, nossas famílias também não são perfeitas e que toda família é lugar de perdão e festa.

Somos como um navio que, mesmo distante do seu porto de origem, tem este lugar como referencial para a sua reestruturação e eventuais consertos. Também somos como as tartarugas marinhas que se distanciam da praia na qual nasceram durante anos e anos, mas voltam para depositar seus ovos naquele local, pois é lá que se sentem seguras.

Devemos olhar a nossa família com olhos de amor e gratidão, independentemente de qualquer coisa, para que possamos ser pessoas felizes onde quer que estejamos.

Exercício de introspecção

Imagine Jesus perto de você. Pense que ele está atento a todas as suas recordações sobre a sua família. Ele conhece sua história e sabe, exatamente, como você se sente neste momento. Conhece o que passou e como hoje se sente em relação a tudo isso. Fale para Jesus, agora, sobre os seus sentimentos. Entregue para ele aquilo que mais o incomoda, que ainda lhe faz mal. Diga-lhe:

– Jesus, eu desejo amar, perdoar e aceitar a minha família do jeito que ela é... (repita várias vezes).

– Jesus, eu desejo me libertar da raiva, do medo, do sentimento de culpa, do sentimento de inferioridade, do ciúme, da inveja, da revolta etc. (repita várias vezes).

– Jesus, aumenta a minha capacidade de amar e perdoar... (repita várias vezes).

– Jesus, ajuda-me a superar minhas carências afetivas... (repetir várias vezes).

– Jesus, você é o meu porto seguro... (repetir várias vezes).

– Jesus, Jesus, Jesus... (repita várias vezes).

Para auxiliar em sua transformação interior

- Analise seus sentimentos em relação a sua família e procure observar se existem situações mal resolvidas entre você e seus familiares. Procure se reconciliar, fazendo a sua parte e superando qualquer tipo de ressentimento.

- Expresse sua gratidão às pessoas que fizeram parte da sua história, principalmente aquelas que proveram o pão de cada dia, os conselhos, os sacrifícios e qualquer tipo de gesto de delicadeza ou amor. Se essas pessoas não estiverem mais presentes em sua vida, procure usar a imaginação e converse com elas através de seus pensamentos.

- Para você estar de bem com as pessoas a sua volta é necessário que, primeiro, esteja de bem com a sua família.

Amigo na praça vale mais do que dinheiro na caixa

As iniciativas e ações comunitárias são capazes de solucionar problemas que, a princípio, parecem não ter solução.

*Você já percebeu a força
que as pessoas têm, quando se unem?*

Abrigo de idosos

Um empresário, depois da morte da esposa e de seu único filho, resolveu dedicar-se a um serviço voluntário e fundou um abrigo para idosos.

Com o tempo, sua situação financeira foi ficando cada vez mais difícil, até que um dia sua firma abriu falência e ele não teve mais como sustentar o abrigo.

Já com certa idade e muito envolvido com o trabalho voluntário, resolveu morar na instituição filantrópica e dedicar-se completamente àquela nobre causa.

A partir daí o abrigo, que fora sustentado tanto tempo por ele, passou a contar, apenas, com doações de pessoas amigas.

Numa manhã, a cozinheira comunicou-lhe que a dispensa estava quase vazia e o que tinha não seria suficiente para alimentar todos os idosos.

– Só teremos dinheiro para comprar mantimentos na próxima semana – respondeu o empresário, com lágrimas nos olhos. – Então, até lá, precisaremos suprimir uma das refeições diárias.

Depois disso, o homem dirigiu-se para uma praça que havia na frente do abrigo e, sentando junto a uma árvore, começou a chorar.

Passava por ali um jovem que morava no bairro e conhecia bem o trabalho do empresário; vendo-o chorar, perguntou-lhe o motivo de suas lágrimas.

Surpreso com a presença do rapaz, e meio sem graça, o ex-empresário explicou a situação.

No final da tarde, o jovem voltou acompanhado de outras pessoas que moravam no bairro e pediu à cozinheira para falar com o responsável.

Ao dirigir-se até a porta de entrada, o ex-empresário deparou-se com aquele jovem com o qual havia conversado na praça, pela manhã.

– Sr. João, depois que conversamos fiquei pensando numa maneira de ajudar o seu abrigo. Assim, pedi para os vizinhos e conhecidos contribuírem com o que pudessem e o resultado está aqui nestas caixas cheias de mantimentos. Cada um contribuiu com o que pôde.

Ao lado do rapaz havia, além de muita gente, várias caixas de papelão contendo o fruto da generosidade das pessoas que moravam naquela região.

Emocionado, o homem agradeceu a todos e exclamou:

– Bem que dizem que: "Amigo na praça vale mais do que dinheiro na caixa".

> *Releia esta história,
> analisando o que ela tem a ver com você.
> Use as perguntas abaixo para auxiliar sua reflexão.*
>
> - Você costuma praticar ações solidárias?
> - Como você se sente ao perceber que sua ajuda fez "diferença" na vida de uma pessoa?
> - Você já teve alguma necessidade suprida através de ações solidárias?

Não existe ninguém tão pobre que não tenha algo para dar, nem ninguém tão rico que não precise de algo

É comum ouvirmos algumas pessoas falarem expressões pessimistas a respeito da época em que vivemos: "Este mundo está perdido", "Só tem gente egoísta", "Antigamente as pessoas se ajudavam mais", "Não encontramos mais amigos de verdade" etc.

Esta história nos lembra que ainda existem pessoas boas e solidárias no mundo.

Talvez você pense que esta narrativa não sirva de parâmetro para fazermos considerações reais, porém, ao contrário do que muitos imaginam, o ser humano possui e conserva intrínsecas, em sua natureza, características inatas como a generosidade e a solidariedade.

Possuímos a generosidade e a solidariedade em "potencial" e basta apenas um motivo significativo para colocarmos em prática essas qualidades.

Nada faz tanto bem quanto fazer o bem. Depois que ajudamos alguém, nos sentimos pessoas melhores, por isso, devemos estar atentos ao momento presente a fim de não perdermos a oportunidade de praticar a generosidade no aqui e agora.

Todos nós possuímos, em nossa dispensa interior, muitos mantimentos capazes de suprir as necessidades das pessoas a nossa volta: um sorriso, uma palavra amiga, um ombro solidário e, principalmente, iniciativas e boas ideias que poderão se juntar com as de outros e fazer a diferença na vida de alguém.

Aquele jovem, certamente, não possuía em sua casa mantimentos suficientes para suprir a necessidade do abrigo de idosos, porém, a vontade de ajudar era tão grande que o induziu a pedir de porta em porta, tendo como resultado doações de todo o tipo.

Quando a necessidade do outro o sensibiliza, o que mais importa é a sua vontade de ajudar. Mesmo que, a princípio, você não saiba por onde começar, basta seguir sua intuição e escutar a voz do coração.

Exercício de introspecção

Dê uma boa espreguiçada.

Acomode-se, confortavelmente, onde você está.

Relaxe o pescoço... a nuca... os ombros... e as costas...

Descontraia a musculatura dos braços, das mãos... das pernas e dos pés...

Coloque as mãos sobre o abdômen e sinta a sua respiração abdominal.

Observe que, cada vez que o ar entra em seus pulmões, o seu abdômen se expande e, cada vez que sai, o abdômen se contrai.

O ar entra e sai, naturalmente, sem você se esforçar para isso.

Fique assim por algum tempo, observando a dança da vida no seu organismo.

Não deixe que outros pensamentos o distraiam.

Sinta o prazer de respirar.

Pense que a cada respiração você se transforma numa pessoa calma, forte e alegre.

Está acontecendo uma limpeza no seu organismo, em que não só o corpo está sendo beneficiado, mas, também, sua mente e seu espírito.

Todos os sentimentos negativos e pensamentos de impotência estão perdendo força sobre você.

Nesse momento, imagine Jesus ao seu lado. Pense que ele está envolvendo-o com a luz da coragem para praticar atos de solidariedade.

Sinta todo o seu corpo envolvido pela energia dele.

Imagine suas células vibrando mais fortes, mais equilibradas, mais organizadas.

Você está cada vez mais leve, mais livre do medo, da preguiça e da acomodação.

Fale com Jesus, diga-lhe:

– Jesus, obrigado por tua presença neste lugar!... (repita várias vezes).

– Jesus, obrigado pela vida que se renova dentro de mim, a cada respiração!... (repita várias vezes).

– Jesus, desejo dar a minha contribuição para um mundo melhor... (repita várias vezes).

– Jesus, transforma-me num instrumento de paz e amor em todos os lugares onde eu estiver... (repita várias vezes).

– Jesus, Jesus, Jesus... (repita várias vezes).

Para auxiliar em sua transformação interior

- Observe como você se comporta diante dos apelos de algumas campanhas coletivas de auxílio, como, por exemplo: após enchentes, terremotos, secas, do agasalho, de prevenção contra a dengue, de racionamento de água e luz etc.

- Procure entender o sentido dessas campanhas e imagine que você pode fazer a "diferença" no resultado entre o sucesso e o fracasso.

- Esteja atento às necessidades do ambiente em que você vive, ou seja, seu bairro, local de trabalho ou outros lugares, e avalie o que pode ser feito para suprir certas carências ali existentes. Desenvolva um plano de "ação entre amigos" para melhorar tais situações.

O amor, às vezes, dói

As atitudes firmes e, aparentemente, duras podem contribuir para o bem e o crescimento pessoal.

Você já recebeu algum castigo no passado que tenha contribuído para o seu bem no futuro?

Além da queda, coice

Num zoológico, uma girafa se preparava para dar à luz. Havia muitas pessoas esperando para presenciar o evento.

A girafa permanecia em pé e, para surpresa de todos, o filhote nasceu caindo de uma altura de quase dois metros.

No chão, a girafinha, ainda meio zonza da queda, debatia-se toda a fim de conseguir se firmar. Depois de alguns minutos de tentativa para erguer-se, o filhote conseguiu ficar em pé.

Todos aplaudiram a girafinha, entusiasmados, até que a mãe deu-lhe um coice que a levou de volta para a terra.

As pessoas ficaram sem entender o que estava acontecendo e observavam preocupadas a reação do filhote que, com muito esforço, conseguiu, outra vez, se erguer.

Passou pouco tempo e, mais uma vez, a mamãe girafa colocou a girafinha no chão, dando-lhe mais um coice.

Era demais para os espectadores. Alguns já xingavam a girafa de "mãe desnaturada".

Em meio a tamanho reboliço, apareceu o biólogo do zoológico para dar explicações sobre o fato:

– Meus amigos. Eu sei que muitos estão perplexos e alguns revoltados por verem a girafa dar coices no filhote recém-nascido. Aparentemente, parece um ato agressivo e de desamor, no entanto, esta é a maneira que ela encontra de fortalecer as pernas do filhote para que ele possa andar acompanhando-a e, até mesmo, fugir de predadores, quando estes a atacarem. Normalmente, após o parto de pé, ela dá três coices em sua cria, esperando que se erga pela terceira vez, para depois lambê-la, acariciando-a e parabenizando-a pela vitória.

Neste momento, ao olharem para os animais, os espectadores presenciam a mamãe girafa lambendo seu filhote com muita ternura.

---

*Releia esta história,
analisando o que ela tem a ver com você.
Use as perguntas abaixo para auxiliar sua reflexão.*

- Você já tomou uma atitude como à da girafa-mãe com o propósito de promover o crescimento e fortalecimento físico ou emocional de algum ente querido?

- Você reconhece que algumas atitudes de seus pais ou educadores, que lhe fizeram sofrer no passado, ajudaram-no a ser uma pessoa melhor e mais preparada para a vida?

Quem ama, ajuda o outro a ser melhor

Esta história descreve a maneira real pela qual as girafas dão à luz seus filhotes.

Elas dão coices por amor, a fim de que suas crias se tornem mais fortes, mais preparadas para a vida.

A girafinha que não leva coice quando nasce, não fortalece suas pernas e tem menos chance de sobreviver na selva, tornando-se uma girafa fraca, insegura e medrosa.

Ao articularmos este comportamento "girafal" com as nossas atitudes e com a maneira de ajudarmos no crescimento de amigos e entes queridos, é importante considerarmos o momento, a quantidade e o modo de praticarmos esses gestos de amor educativo.

A girafa faz isso no início da vida do filhote: depois de dar-lhe três coices, não mais que isso, ela o lambe demonstrando o seu amor. Isto nos ensina que, quando precisamos agir com firmeza, não devemos esquecer-nos de demonstrar, também, o nosso amor.

Por outro lado, ao lembrarmos os "coices" que levamos de algumas pessoas no passado, podemos procurar compreender tais situações como recursos usados por essas pessoas para o nosso crescimento pessoal, mesmo que de forma inadequada.

De nada adianta nutrirmos revolta ou mágoa pelas situações de "coice" que, de alguma forma, nos fizeram sofrer.

A exemplo da girafinha que nada entendia quando apanhava, mas que se reerguia e aceitava o carinho da mãe sem revolta por causa do seu coração puro, é possível, também, nos reerguermos dos coices, ou seja, fatos, palavras ou situações que nos fizeram sofrer. Muito dependerá da abertura do nosso coração.

Exercício de introspecção

Dê uma boa espreguiçada.

Acomode-se bem onde está. Relaxe toda a musculatura que reveste seu corpo, desde a cabeça até os pés.

Descontraia a testa, os olhos, as bochechas, o nariz, a boca e a língua dentro da boca.

Relaxe, também, o pescoço, a nuca, as costas e o abdômen...

Acomode bem as nádegas e descontraia as pernas e os pés.

Coloque as mãos sobre o abdômen e sinta o movimento da vida em seu organismo.

Observe o vaivém dessa respiração.

Pense que, quando o ar entra em seu organismo, leva para dentro dele muita luz e paz interior, e quando sai, coloca para fora todo estresse e agitação que lhe faz mal.

Imagine que o ir e vir dessa respiração restaura o equilíbrio de seu corpo, sua mente e seu espírito.

Traga, agora, em sua mente, aquelas situações de quedas e coices que você passou e observe que tipo de sentimentos você sentiu na época.

Imagine, também, as vezes que você foi o agente causador dos coices e quedas na vida das pessoas.

Nesse momento, você deseja sentir-se livre de todos os sentimentos de mágoa ou culpa provocados por tais situações.

Desenvolva um desejo imenso de se libertar de todas as sensações negativas que essas lembranças, ainda, lhe causam.

Diga para si mesmo:

— Eu não quero ter razão, eu desejo ser feliz!... (repita várias vezes).

— Jesus, ajuda-me a superar as situações de quedas e coices da minha história... (repita várias vezes).

— Jesus, eu desejo ser uma pessoa renovada... (repita várias vezes).

Imagine que Jesus está escutando seu desabafo e agora impõe as mãos sobre sua cabeça, enchendo-o de luz.

Você está cada vez mais iluminado. Imagine que a luz do Mestre da Paz está atingindo todas as células de seu corpo e que permanecerá em você durante muito tempo.

Para auxiliar em sua transformação interior

- Procure imaginar que as situações de "coice" fazem parte do processo educativo da vida. É preciso aceitá-las, compreendê-las e amá-las.

- Sinta gratidão e, se possível, expresse esse sentimento para seus pais, educadores ou amigos que, mesmo lhe fazendo sofrer com certas atitudes, o ajudaram a ser uma pessoa de bem.

- Nos seus relacionamentos considere, também, a sua contribuição de educador na vida dos seus amigos e entes queridos. Lembre-se de nunca agir demonstrando raiva ou desejando medir forças, mas deixando claro que você age por amor; mesmo que no momento não entendam, mais tarde o agradecerão.

A força do desejo pode nos transformar em guerreiros

Quanto maior for nosso discernimento sobre aquilo que desejamos, maior será nossa força para defender nossos sonhos.

Você seria capaz de lutar contra um exército para defender aquilo que ama?

As mulheres de Tejucupapo

Tejucupapo é uma pequena vila situada próximo à praia de Ponta de Pedras, no litoral norte de Pernambuco, onde em 1646 aconteceu um fato curioso.

Naquele tempo, a população existente no local era composta de algumas famílias que viviam da pesca.

Todos os domingos, os homens da aldeia costumavam levar o produto de seu trabalho para vender na capital, Recife.

Nessa época os holandeses que haviam invadido o território pernambucano estavam, praticamente, encurralados no Forte Grande, na ilha de Itamaracá, próximo de Tejucupapo, e encontravam-se sem alimentos para sustentar a tropa.

Os holandeses já sabiam que todos os domingos os homens de Tejucupapo viajavam para Recife a fim de venderem a pesca; por isso, resolveram invadir Tejucupapo num domingo, pelo mar.

A ideia era conseguir pegar todo o alimento possível para as tropas que já estavam passando fome.

Sabendo que iriam encontrar só mulheres e crianças, tinham certeza de que a emboscada seria fácil e já contavam com a vitória.

A notícia de que as tropas holandesas tinham desembarcado na praia chegou, rapidamente, aos ouvidos das mulheres de Tejucupapo, que logo se organizaram a fim de defender suas casas e seus mantimentos.

Para lutarem contra o invasor, elas usaram as armas que possuíam: utensílios de cozinha, água fervente e pimenta.

Enquanto os poucos homens que permaneceram na vila enfrentavam o inimigo com balas, as mulheres cavaram trincheiras onde se esconderam e surpreendiam os holandeses jogando-lhes nos olhos água com pimenta.

A batalha durou horas, até que os holandeses se deram por vencidos e voltaram para o mar.

A batalha de Tejucupapo ficou conhecida na história do Brasil como a: "Epopeia das Heroínas de Tejucupapo", e suas mulheres, até hoje, são homenageadas e respeitadas pela coragem e determinação de defender aquilo que tinham de mais precioso: suas casas e famílias.

---

*Releia esta história,
analisando o que ela tem a ver com você.
Use as perguntas abaixo para auxiliar sua reflexão.*

- Como está o tamanho da sua crença naquilo que você acredita?

- Quanto você tem investido emocional, física, material e espiritualmente para defender os seus ideais?

- Você já juntou suas forças com as de outras pessoas, a fim de lutar por um ideal?

Quanto mais estivermos convictos
dos motivos pelos quais lutamos,
tanto maior será a nossa força interior
para alcançar aquilo que desejamos

As mulheres de Tejucupapo conseguiram vencer as tropas holandesas movidas pela força da *motivação*.

Quando analisamos essa palavra, observamos que, na sua composição, ela traz a expressão: motivo da ação. Isso nos sugere que, quanto mais estivermos convictos dos motivos pelos quais lutamos, tanto maior será a nossa força interior para alcançar aquilo que desejamos.

O bem mais precioso que as Tejucupapenses possuíam estava sendo ameaçado: o seu lar.

O inimigo almejava invadir suas casas para saqueá-las, e a ideia de perder seus espaços e seus alimentos fomentou a coragem para lutar.

Elas não possuíam as armas bélicas que os soldados tinham, porém, motivadas pela ideia de defender seus lares, uniram-se entre elas a fim de pensar em estratégias eficientes para o contra-ataque. Isso fez com que olhassem para dentro de suas casas e descobrissem novas utilidades para seus apetrechos de cozinha.

Panelas, tachos, colheres de pau, pilões, água, fogo e pimenta foram as armas básicas usadas para o combate em Tejucupapo; entretanto, não podemos esquecer de que, por trás desse arsenal improvisado, estava a arma mais importante: a motivação de defender algo que amavam.

Quando estamos motivados, mesmo que as dificuldades apareçam, continuamos firmes em nossos propósitos.

Algumas pessoas queixam-se de não atingir suas metas mesmo estando motivadas; lamentam que investem tempo, dinheiro, empenho pessoal, mas mesmo assim são derrotadas pela força do desânimo, da sensação de incapacidade ou do medo.

A verdade é que, ao contrário do que pensam, não se encontram tão motivadas como acreditam. Falta-lhes a arma mais importante: a convicção para lutar por aquilo que amam até as últimas consequências.

Quanto maior for a nossa consciência daquilo que representa valor para nós, maior será a nossa disposição para investir em nossos ideais.

A partir do momento em que estamos imbuídos dessa consciência, potencializamos a força existente em nosso interior, a fim de lutar, incondicionalmente, por aquilo que acreditamos.

Todos nós possuímos a força das mulheres de Tejucupapo. E com apenas três passos – consciência, vontade e ação – podemos lutar contra um exército para defender aquilo que amamos.

Exercício de introspecção

Dê uma boa espreguiçada.

Acomode-se bem onde você está.

Procure relaxar e se desligar de todos os ruídos externos.

Sinta a sua respiração realizando uma limpeza em seu organismo.

Pense na história das mulheres de Tejucupapo, na força, coragem e motivação que elas tiveram para defender as suas casas.

Reflita como está a sua força para defender a sua casa, a sua família, a sua comunidade e os seus ideais...

Não importa o quanto você lutou ou deixou de lutar pelos seus sonhos; o mais importante agora é renovar a força de motivação em seu interior.

Mesmo que não consiga ver saída, não se sinta derrotado, não se entregue; esse é o momento de decidir aquilo que você acredita e deseja.

Antes de mais nada, avalie se, realmente, os seus desejos são bons e se não ferem a sua escala de valores.

Agora se coloque diante de Jesus e peça-lhe força, coragem e determinação para lutar pelas suas metas.

Diga:

– Jesus! Eu me coloco diante de ti para receber a tua energia e a tua luz, a fim de reconhecer os meus ideais e ter força para lutar por eles... (repetir várias vezes).

– Jesus! Renova em mim a força da fé e da motivação... (repetir várias vezes).

– Jesus! Eu desejo vencer os inimigos visíveis e invisíveis que prejudicam a minha saúde, os meus relacionamentos e a minha vida... (repetir várias vezes).

– Jesus! Quando eu fraquejar, fica comigo para que eu possa me reerguer!... (repetir várias vezes).

– Jesus! Desejo ser um guerreiro da paz e do bem!... (repetir várias vezes).

– Jesus, Jesus, Jesus... (repetir várias vezes).

Para auxiliar em sua transformação interior

- Procure identificar o que você tem de precioso em sua vida e como está cuidando dessas coisas.

- Inclua na sua lista de "bens preciosos" sua saúde, sua família, as atividades de autorrealização e avalie o quanto você tem investido neles.

- Pense na força das mulheres de Tejucupapo e não se intimide diante das ameaças exteriores. Tenha fé em Deus e utilize as armas do amor e da determinação para vencer as dificuldades.

Os bens que possuímos devem ser aproveitados enquanto estamos vivos

Aquilo que temos no momento presente, capaz de nos dar contentamento, deve ser usufruído em toda a sua plenitude.

Na sua vida existem coisas que são pouco usadas, sempre à espera de uma data especial?

Família muda e vende tudo

Um homem fascinado por radiolas antigas passou em frente a uma casa cuja família estava de mudança e vendia tudo. Ao entrar no local, observou que ali havia um móvel muito bonito que acoplava uma radiola embutida. Era uma peça diferente, pois à primeira vista ninguém dizia que aquilo era um toca-discos. Como morava próximo dali, foi até sua casa e comentou com a esposa sobre o objeto; esta, sabendo de sua paixão por tais coisas, incentivou-o a comprá-la e, assim, ele voltou ao local e efetuou o negócio.

Todo satisfeito instalou o móvel na sala, mas ao tentar colocar um disco para tocar percebeu que precisava de conserto e, desde então, o móvel permaneceu ali esperando o dia em que o aparelho pudesse ser arrumado.

Passaram-se alguns meses até que, numa manhã, ao desmontar a radiola a fim de levá-la ao técnico, o homem descobriu um pacote pesado dentro do móvel. Tratava-se de dez conjuntos completos de talheres banhados a ouro, com certificado de garantia, cuja data de compra era de quarenta anos atrás. Foi uma grande surpresa. Ele chamou a esposa e mostrou-lhe o que havia encontrado.

A mulher, muito sensata, falou-lhe que precisava devolver aquele pacote, pois, certamente, alguém guardara os talheres para ficarem mais seguros e acabou esquecendo-os.

No outro dia, o homem voltou ao local onde havia adquirido o objeto, a fim de devolver os talheres, porém as pessoas já haviam se mudado. O vigia da rua comentou que a senhora que morava ali tinha falecido e por isso os parentes venderam tudo e se desfizeram da casa. O homem voltou para casa e, na impossibilidade de devolver os talheres para seu legítimo dono, resolveu ficar com eles.

Sua mulher comentou:

– A senhora que morreu, certamente, era a dona dos talheres e, provavelmente, usou pouco esses objetos, pois parecem novos. Creio que só usufruiu deles apenas em dias especiais como natais, aniversários ou formaturas.

Ao ouvir as palavras da esposa, o homem completou:

– O certificado que acompanha estas peças data de quarenta anos atrás, no entanto, nesse período, pouco foram usadas. Ela podia tê-las utilizado mais em sua vida, se tivesse percebido que todos os dias eram especiais e mereciam talheres dourados.

A mulher concluiu a conversa dizendo:

– Assim também agimos algumas vezes, guardamos o bom e o belo para depois; deixamos de usufruir aquilo que nos deixa contentes no momento presente por pensarmos que precisamos de dias especiais para isso.

> *Releia esta história,*
> *analisando o que ela tem a ver com você.*
> *Use as perguntas abaixo para auxiliar sua reflexão.*
>
> - O que você tem guardado para usar em algum dia especial?
>
> - No seu armário pessoal existem roupas, sapatos ou objetos que estão há muito tempo guardados e você não usa por estar à espera de uma ocasião especial?
>
> - Você já se desfez de algo novo que perdeu a utilidade por ter sido guardado durante muito tempo?

Tem gente que deixa de viver o agora em função de um depois

A vida acontece no aqui e no agora. O único momento em que podemos viver é o presente.

Entretanto, a maioria das pessoas desperdiça o agora em função de um depois. Quando somos crianças esperamos ser felizes quando crescermos. Ao nos tornarmos adultos esperamos ser felizes quando casarmos e tivermos filhos. Então, quando isso acontece, pensamos que a vida será melhor quando os filhos crescerem.

Na vida profissional, esperamos pelo diploma de faculdade e cursos de especializações para termos um emprego melhor, a fim de viajarmos mais. Quando já estamos estabilizados profissionalmente esperamos pela aposentadoria, imaginando que nesta fase teremos todo o tempo para usar a vida do jeito que gostaríamos.

Essa dinâmica de deixar para depois o prazer do agora nos impede de usufruir daquilo que temos no momento presente.

Se você analisar suas atitudes atuais descobrirá, possivelmente, que está esperando algo acontecer no futuro para, então, se sentir pleno.

Da mesma maneira que aquela senhora aguardava datas especiais para usar seus talheres dourados, nós não somos muito diferentes dela, também aguardamos datas especiais para sermos felizes.

Está na hora de mudarmos nosso comportamento e nossa maneira de viver. A primeira coisa a ser feita é considerar que o momento mais precioso em nossa vida é o "agora" e nele devemos usufruir a vida da melhor maneira possível. No fundo de nosso coração, existe um só desejo: o de sentir-se contente, e isso é mais simples do que podemos imaginar.

Podemos começar por essa respiração que nos acompanha desde o nascimento. Observar este ar que sai e que entra em nossos pulmões, que vai e que volta, sem nunca parar. Coisa simples, mas extremamente essencial para que possamos usufruir de todas as outras coisas que possuímos.

Quando fazemos a experiência de desfrutar daquilo que temos agora, sentimos uma sensação de bem-estar invadir a nossa alma e, pelo menos, dois sentimentos tornam-se mais fortes em nós: alegria e gratidão; e é nisso que consiste a felicidade.

Exercício de introspecção

Acomode-se bem onde você se encontra, para fazer um exercício de introspecção.

Relaxe todo o peso do seu corpo, descontraia os músculos e, com as mãos sobre o abdômen, sinta o ir e vir de sua respiração.

Imagine um grande jardim com muitas flores, árvores, gramado verde. Você está sentado em um banco, observando toda a beleza do lugar. Sinta a brisa suave tocando a sua pele, a luz do sol o envolvendo, o canto dos pássaros, o perfume das flores... Perceba a paz desse lugar e como é agradável estar ali.

Analise, agora, como está o seu coração e avalie a quantidade de alegria que se encontra dentro dele? Você se considera uma pessoa feliz? O contentamento é algo real em sua vida?

Reflita sobre a maneira como você está aproveitando a vida que lhe foi dada. O que está fazendo consigo mesmo? Como tem usufruído o tempo de sua vida, os dias, as semanas, os meses e os anos... O que está esperando acontecer para ser feliz? Faça essa pergunta a si mesmo, observe o quanto deixou a felicidade para depois e escolha ser feliz agora. Pense que isso é mais simples do que você imagina e decida não mais adiar este momento.

A vida acontece no agora, e você precisa se desamarrar do passado e, principalmente, das preocupações do futuro para viver o momento presente. Você pode. Você merece. Você é capaz.

Visualize Jesus na sua frente e fale com ele. Diga-lhe:

– Jesus, eu não quero mais viver preocupado com o dia de amanhã... (repetir várias vezes).

– Jesus, ajuda-me a reconhecer todos os bens que conquistei em minha vida e usufruir deles, enquanto estão comigo... (repetir várias vezes).

– Jesus, obrigado pelo bem mais precioso que possuo, que é a minha vida... (repetir várias vezes).

– Jesus, Jesus, Jesus... (repetir várias vezes).

Para auxiliar em sua transformação interior

- Coloque sua atenção naquilo que você está fazendo no presente e permita-se envolver-se com o agora em toda a sua plenitude, quer seja para sorrir, quer seja para chorar.

- Quando tiver uma alegria, procure saboreá-la como se fosse uma sobremesa deliciosa e, para isso, não tenha pressa.

- Faça uso dos bens que tem no momento presente, porque você não sabe se depois terá a oportunidade de fazê-lo.

Só corremos atrás do que precisamos quando temos a consciência de que nos falta algo

Quando direcionamos nosso olhar para dentro de nós, melhoramos nossa percepção sobre aquilo que precisamos, e isso nos ajuda a realizar com sucesso nossas buscas.

*Como está a sua percepção
sobre aquilo que lhe falta?*

O botão perdido

Lia era uma faxineira extremamente cuidadosa. Nunca lhe faltava trabalho, pois todos reconheciam sua organização e limpeza impecável. Costumava chegar cedo à casa de seus clientes e só saía deixando tudo muito bem arrumado. Quando varria ou aspirava o chão, tomava muito cuidado para não jogar fora nada de valor; por isso, sempre observava o lixo antes de desprezá-lo na lixeira.

Um dia, quando limpava o chão da sala de recepção de uma empresa, encontrou um pequeno botão, que parecia ser de camisa social; como havia, na sala ao lado, um grupo de executivos, ela pensou que poderia ser de um deles e, abrindo a porta da sala, anunciou que havia encontrado um botão. Os homens, que se encontravam em reunião, continuaram seus discursos sem dar importância ao que acabavam de ouvir, desprezando, até mesmo, a presença da faxineira, que voltou a fazer o seu trabalho.

Após a reunião, um dos executivos escreveu a ata e pediu para que todos os presentes assinassem aquele documento; foi então que um deles observou a falta de um botão no punho de sua camisa.

Era uma camisa importada, caríssima, que recebera de presente de sua esposa, cujos botões eram bem diferentes dos encontrados nas camisas comuns, e dificilmente acharia outro igual para repor. Nesse momento, lembrou-se da faxineira e, sem perder tempo, saiu à sua procura.

Naquele dia Lia precisou sair um pouco mais cedo, e o homem teve que esperá-la voltar no outro dia para reaver o objeto perdido.

Na manhã seguinte, ele foi ao encontro dela a fim de falar-lhe.

Como Lia era muito cuidadosa, havia guardado o botão numa gaveta e logo tratou de devolvê-lo para seu legítimo dono.

– É este botão que o senhor está procurando? – indagou sorridente.

– Sim – respondeu o executivo, aliviado. – Obrigado por não ter jogado fora!

Ainda sorrindo, Lia concluiu a conversa dizendo:

– Da próxima vez, antes de desprezar aquilo que alguém lhe oferece, procure olhar para si mesmo a fim de verificar se realmente isso não lhe serve.

E com toda simpatia, que sempre lhe foi peculiar, a faxineira despediu-se do executivo, retornando ao seu trabalho.

Aquele homem nunca mais esqueceu o ocorrido, passando a contar essa história do "botão perdido" em suas reuniões de negócios. Quando desejava falar sobre a importância de as pessoas procurarem conhecer as próprias necessidades, dizia:

– Só sentimos o valor de um botão quando percebemos que precisamos de um em nossa roupa.

> *Releia esta história,*
> *analisando o que ela tem a ver com você.*
> *Use as perguntas abaixo para auxiliar sua reflexão.*
>
> - O que você tem procurado?
>
> - Quais são as suas buscas?
>
> - Você já desprezou algo que só percebeu o valor quando sentiu a sua falta?

Às vezes, é preciso sentir falta de certas coisas para darmos importância a elas

Esta história nos convida a olharmos mais para nós mesmos, a fim de identificarmos quais as nossas reais necessidades e podermos melhor aproveitar o que se encontra diante e dentro de nós.

Identificar o que é importante e útil para nossa vida é uma questão de consciência, e isso acontece a partir do momento em que olhamos mais para nós mesmos.

Em geral, as pessoas possuem uma tendência a colocar sua atenção muito mais nos outros do que nelas mesmas. O botão que falta na camisa do outro chama mais nossa atenção do que aquele que falta na nossa própria camisa.

Quando a faxineira entrou na sala de reuniões e anunciou que alguém havia perdido o botão, ninguém deu atenção a ela; nenhum daqueles empresários procurou olhar para a própria camisa.

Quem deseja sentir-se pleno deve olhar mais para a própria vida, identificar o que lhe falta e com coragem ir à busca de suas necessidades.

Vivemos num mundo cheio de botões de todos os tipos, de todos os tamanhos, de todas as cores e para todos os gostos. É evidente que esta é uma linguagem figurada, em que comparamos os botões com as oportunidades que se apresentam à nossa frente e que são capazes de suprir nossas buscas e nossos anseios.

Trata-se de um despertar emocional através do qual percebemos, aceitamos e usamos aquilo que nos falta para sermos felizes.

Algumas pessoas poderão pensar que lhes falta um carro, uma casa própria, um emprego, amigos, um(a) namorado(a), marido ou esposa, uma faculdade ou outra coisa, para que possam se sentir felizes. Tudo isso são botões cujo maior objetivo é apenas saciar a sede de contentamento. Através dessas coisas, embora com nomes diferentes, procuramos apenas por uma única coisa: a plenitude interior.

Somos pessoas que possuímos uma necessidade em comum: a de sentirmo-nos plenos, cheios de alegria e satisfação pessoal. E esta sensação é possível de ser sentida quando descobrimos como maior tesouro a respiração que nos garante o maior tesouro que possuímos neste mundo: a vida. Entretanto, mesmo sendo possível, poucas pessoas sentem-se plenas, pois não sabem o que procuram e investem grande parte de seu tempo naquilo que não precisam, vivendo iludidas.

Nas diversas áreas da sua vida, você pode sentir necessidades diferentes, porém, se analisar o sentido de cada uma delas, perceberá que é um só: fazer você se sentir contente. E, o que é mais incrível, este sentimento já existe, em potencial, no seu interior; portanto, tenha muito cuidado com aquilo que julga ser necessário, avalie com sabedoria a sua real necessidade, pois quem não sabe o que precisa facilmente se deixa iludir pelas ofertas da vida.

Exercício de introspecção

Relaxe todo o peso do seu corpo onde você está.

Dê uma boa espreguiçada, bocejando e procurando acomodar-se confortavelmente.

Coloque as duas mãos no abdômen e sinta a respiração como um processo de desintoxicação, em que o ar leva para dentro de você muita paz e coloca para fora tudo aquilo que lhe provoca inquietude.

Relaxe ainda mais, descontraia a face, a testa, os lábios, a língua dentro da boca.

Desligue-se de todo ruído exterior.

Pense que esse momento é só seu, aposse-se dele para fazer uma viagem, usando a sua imaginação.

Deixe sua mente leve e livre de preocupações.

Reflita sobre sua postura em relação à vida. O que você tem buscado durante tanto tempo e o que busca atualmente.

Dê nome a essas buscas, faça uma lista, mentalmente, de tudo o que você acha que lhe falta e julga importante para sua felicidade.

Avalie o que você já conseguiu e o que ainda lhe falta.

Analise, também, os seus esforços e o quanto você se empenhou nessas buscas.

Perceba, agora, que todas essas buscas o levam para um único sentimento: a sensação de contentamento interior.

Há, também, coisas que você não buscou e que apareceram em sua vida; aproveitou algumas e outras deixou passar, pois, na época, não tinha consciência de sua importância.

Observe como você se sente em relação a tudo isso. Alargue sua consciência. Pense na importância e necessidade de todas essas buscas.

Selecione aquelas que, realmente, valem a pena e se comprometa em investir nelas.

E para ajudá-lo na realização de seus ideais, peça a ajuda de Jesus. Pense nele e sinta-o à sua frente. Diga-lhe:

– Jesus, aumenta meu discernimento... (repetir várias vezes).

– Jesus, aumenta minha consciência para perceber as minhas reais necessidades... (repetir várias vezes).

– Jesus, reforça minha coragem e determinação para buscar aquilo que é bom para a minha vida... (repetir várias vezes).

– Jesus, eu desejo sentir, neste momento, que, apesar de qualquer busca ainda não concretizada, eu já possuo tudo aquilo de que preciso para ser feliz... (repetir várias vezes).

– Jesus, Jesus, Jesus... (repetir várias vezes).

Para auxiliar em sua transformação interior

- Observe suas necessidades atuais e avalie a real importância delas.

- Perceba seu grau de empenho e determinação para encontrar aquilo que você procura.

- Pratique mais o reconhecimento sobre aquilo que você já possui e alegre-se por tudo isso, principalmente pela sua respiração.

A vida pode ser mais leve se nos livrarmos dos pesos desnecessários

Uma forma mais simples de viver nos proporciona mais tempo para desfrutarmos dos prazeres da vida.

*Você conserva algo
que se transformou em peso na sua vida,
só por não ter coragem de se desapegar?*

O dente de elefante

Um pesquisador ganhou dos habitantes de uma aldeia um dente de elefante, como reconhecimento pelo seu empenho em melhorar as condições de vida daquele povo.

Muito agradecido, o cientista guardou-o em sua bagagem, e como se tratava de algo de grande valor comercial, passou a dispensar-lhe um cuidado especial.

Toda viagem que realizava levava consigo o dente de elefante, pois tinha receio de que alguém o roubasse. E, assim, suas viagens tornaram-se mais difíceis, pois o objeto era pesado e desajeitado para carregar.

Um dia, quando estava no aeroporto aguardando a chamada de embarque, deixou o dente de elefante junto à bagagem para ir ao toalete e, ao voltar, percebeu que o objeto havia desaparecido. No momento, ficou desesperado; a polícia e a direção do aeroporto foram acionadas, mas de nada adiantou, ninguém sabia do paradeiro do objeto.

O homem teve que viajar sem o dente de elefante, pois o avião já estava para partir e ele precisava embarcar.

Durante a viagem, notou que se sentia mais leve, apesar da sensação de aborrecimento que a perda do objeto lhe causara. Ficou mais fácil embarcar e desembarcar com as mãos vazias e, ao perceber isso, refletiu sobre a utilidade do dente de elefante em sua vida, concluindo que havia se tornado muito mais motivo de peso e preocupação do que de alegria.

A partir desse fato ele aprendeu uma lição: só conservar consigo aquilo que, realmente, tivesse uma utilidade em sua vida.

> *Releia esta história,*
> *analisando o que ela tem a ver com você.*
> *Use as perguntas abaixo para auxiliar sua reflexão.*
>
> - Na sua casa há móveis, objetos ou utensílios que, por serem de estimação, você não se desfaz mesmo sentindo que não têm utilidade?
>
> - Atualmente, o que você pode classificar como sendo o seu dente de elefante?
>
> - Que tipo de sentimentos você experimenta quando chega a hora de se desapegar de algo que por muito tempo fez parte da sua vida?

Só devemos manter aquilo que realmente nos é útil, o mais atrapalha a vida

Como é maravilhoso o processo de autoconhecimento! Através dele você alarga sua percepção sobre si mesmo e o mundo à sua volta.

Esta história nos lembra como nos acostumamos a carregar coisas desnecessárias, e o quanto isso nos sobrecarrega.

Há pessoas que conservam consigo móveis de estimação, coisas de herança de família, caixas de lembranças contendo fotografias, cartas, papéis de presente que as acompanham em todas as mudanças. Outras conservam presentes de casamento ainda em caixas fechadas. Sem falar naquelas roupas de datas festivas, vestido de noiva, batizado, primeira comunhão etc., que nem lhes servem mais.

Existem, também, aqueles objetos que nos acompanham ao longo do tempo e dos quais não temos coragem de nos desapegar: louças, pratarias, talheres, cristais e até joias que nunca ou pouco usamos.

Há quem invista tanto tempo para cuidar de certas coisas materiais, que acaba se tornando escravo delas.

Se você deseja ter saúde, alegria e paz é preciso ter coragem para selecionar o que deve ficar e o que deve sair da sua vida. Uma boa faxina nas suas coisas pessoais é o primeiro passo para andar mais leve.

Exercício de introspecção

Dê uma boa espreguiçada.

Procure alongar os braços para cima... para frente... para atrás... para um lado... e para o outro.

Abra a boca bocejando e sacudindo os braços, mais uma vez, para alto.

Acomode-se bem onde você está.

Pense que esse momento é seu e que irá aproveitá-lo para relaxar seu corpo, sua mente e seu espírito.

Descontraia os músculos do pescoço, das costas, do abdômen. Relaxe a musculatura das pernas e pés, dos braços e das mãos.

Respire profundamente.

Deixe o ar entrar pelo nariz e sair pela boca. Repita isso várias vezes.

Coloque as mãos sobre o abdômen e sinta o movimento da sua respiração.

Imagine que cada vez que você inspira o ar leva para dentro do seu organismo muita paz, muita calma e muito equilíbrio.

Pense que, cada vez que você expira, o ar leva para fora suas preocupações.

Respire pensando nisso. Sinta que a sua respiração, nesse momento, está aliviando-o de todos os pesos que atualmente você possui.

Com as mãos no abdômen, perceba o ar entrando e saindo do seu organismo.

Sinta-se mais leve... Cada vez mais leve.

Imagine que Jesus está junto de você. Ele passeia no ambiente em que você se encontra e identifica os dentes de elefante da sua vida.

Agora, ele está diante de você com as mãos estendidas, pedindo-lhe para entregar aquilo que você deseja se livrar e não tem forças nem coragem para fazê-lo sozinho. Fale para ele:

– Jesus, eu desejo me libertar de todos esses "dentes de elefante" que me impedem de viver mais leve... (repita várias vezes).

– Jesus, eu deposito em tuas mãos tudo que atrapalha a minha paz interior... (repita várias vezes).

– Jesus, reforça a minha coragem e iniciativa para me desapegar e me libertar daquilo que me faz mal... (repita várias vezes).

– Jesus, Jesus, Jesus... (repita várias vezes).

Para auxiliar em sua transformação interior

- Observe se em sua casa ou ambiente de trabalho você conserva algo que se transformou em um verdadeiro "dente de elefante" e tenha coragem de tomar uma atitude de desapego.

- Procure simplificar sua vida, deseje andar mais leve. Lembre-se de que os bens materiais, cargos, funções devem ser motivos de alegria e satisfação pessoal, nunca de peso ou preocupação.

- Analise se nas diferentes áreas da sua vida existe alguma situação com a qual você já se acostumou, que não tem mais sentido mantê-la, mas que por falta de iniciativa você não consegue se libertar.

As nossas convicções precisam ser regadas com amor e perseverança

Quando acreditamos nos nossos ideais e somos fiéis a eles, conseguimos fazer diferença no mundo.

*Quando juntamos amor
e perseverança às nossas convicções,
o resultado pode ser surpreendente.*

O amor de uma menina pelos animais

Joana é uma advogada bem-sucedida, envolvida com as causas de proteção aos animais.

Quando criança, ficava muito triste quando via as galinhas e coelhos da chácara de sua avó serem mortos e comercializados! Muitas vezes marcava esses animais com uma fita na perna para serem poupados do abate, dizendo que eram seus e que ninguém devia pegá-los; a sua vontade era marcar todos eles, mas sabia que sua avó não iria permitir. Algumas pessoas riam e até brincavam com o afeto que a menina tinha pelos animais; havia quem dizia que aquilo era exagero, mas Joana não ligava para os comentários e cada vez mais amava os bichinhos.

Quando cresceu tornou-se vegetariana, além de ter o cuidado de não comprar nenhum produto que fosse testado em animais, por não desejar ser conivente com o sofrimento e a morte dessas criaturas.

Certa vez um pássaro, durante um voo, bateu de frente num vidro transparente, se estatelando no chão. Ao perceber o barulho do impacto do animal na parede de vidro, Joana, imediatamente, correu para socorrer o bichinho que se encontrava inanimado no chão, botando sangue pelo bico e tendo uma asa deslocada. Joana colocou o pássaro entre as mãos, olhando-o com muito amor e passando um bom tempo com a ave junto ao seu peito. Depois de permanecer assim por alguns minutos, qual não foi a sua surpresa quando viu a ave levantar de súbito e sair naturalmente voando. Algumas pessoas que presenciaram o fato comentaram que foi o amor de Joana que curou aquele passarinho.

Quando ela passava em frente de alguma loja que comercializava animais, entrava naquele estabelecimento e incentivava quem estava ali a não comprá-los, pois dizia que existiam muitos animais abandonados nas ruas e abrigos à espera de adoção.

Quando se tornou advogada, ela passou a dedicar parte do seu tempo às instituições de proteção aos animais.

Atualmente, é muito respeitada por sua família, amigos e colegas de trabalho. Transformou-se num exemplo vivo de uma pessoa corajosa e fiel àquilo que acredita.

Releia esta história,
analisando o que ela tem a ver com você.
Use as perguntas abaixo para auxiliar sua reflexão.

- Você consegue ser fiel às suas convicções?

- Você já se sentiu incompreendido ou teve suas convicções ridicularizadas por pessoas que não entenderam os seus valores?

- Você já se sentiu realizado por ter conseguido manter a fidelidade naquilo que você acredita, mesmo indo contra a opinião da maioria das pessoas?

Todas as vezes em que somos fiéis às nossas crenças, sentimo-nos realizados

Esta história é um exemplo de amor e fidelidade àquilo em que se acredita. Como é bom ser fiel às nossas crenças! Cada vez que conseguimos agir assim, sentimos paz interior e, como consequência, uma sensação de plenitude invade a nossa alma. A pior infidelidade é aquela praticada contra nós mesmos, ou seja, contra os nossos valores e ideais. Algumas vezes, torna-se mais fácil desistir do que lutar por aquilo em que se acredita, pois isso implica perseverança e investimento emocional.

A escala de valores e os ideais de uma pessoa representam a bússola que norteia a sua vida. Desistir de um ideal por medo, covardia ou acomodação significa jogar fora essa bússola, para usar a bússola de outras pessoas ou, o que é pior: andar perdido na vida.

Ao se deparar com o pássaro acidentado na parede de vidro transparente, Joana colocou-o em suas mãos, fixando o olhar e a atenção naquela criaturinha inanimada; o seu coração estava cheio de amor e compaixão. Talvez essa tenha sido a força que reanimou a ave e a fez voar novamente.

Algumas pessoas podem estranhar tal fato, mas é oportuno lembrar que o próprio Jesus falava para seus amigos, quando ele realizava milagres:

– O que eu faço vocês também podem fazer; se acreditarem, poderão ordenar a um monte para lançar-se ao mar e, se não duvidarem, conseguirão de Deus este milagre.

É fantástico saborear as promessas do nosso Criador. Realmente tudo é possível àquele que ama e que crê.

Joana conseguiu reanimar aquela ave por esses dois sentimentos: amor e crença. E isso não é mérito ou privilégio concedido apenas a ela. Qualquer um de nós pode conseguir verdadeiros milagres, se for fiel àquilo que acredita.

Exercício de introspecção

Vamos usar esse momento para avaliarmos como se encontra a sua escala de valores e o que está fazendo com aquilo que acredita. Imagine que você irá fazer uma viagem através do tempo, voltando à época em que era criança ou muito jovem.

Recorde-se dos seus sonhos e de seus ideais. O que planejou para seu futuro? No que acreditava? Quais as ideias que defendia? O que fez com tudo isso? O que era verdade e o que era mentira? O quanto investiu e lutou por suas crenças? Como as pessoas compreendiam suas ideias? O que elas falavam de você? O que conseguiu tornar realidade? Volte para o momento presente e procure onde estão estes valores e o quanto você está se empenhando para ser fiel a eles. Tenha claro em sua mente as suas convicções e avalie como está a sua fidelidade em relação a elas. Nesse momento, imagine que

Jesus chega até você e lhe fala as mesmas palavras que falou para os discípulos, quando lhe viam fazer milagres:

– Todo aquele que tem fé, se acreditar e não duvidar em seu coração, conseguirá obter milagres em sua vida.

Ao escutar isso, você pensa em seus ideais, em seus valores, em suas crenças, e fala para ele:

– Jesus! Eu desejo ser fiel àquilo que eu acredito... (repita várias vezes).

– Jesus! Ajuda-me a superar o medo, a preguiça, a covardia, o comodismo, a fim de lutar por causas nobres... (repita várias vezes).

– Jesus! Desejo amar e respeitar todos os seres vivos... (repita várias vezes).

– Jesus! Desejo trabalhar pela paz e pelo bem... (repita várias vezes).

– Jesus, Jesus, Jesus... (repita várias vezes).

Para auxiliar em sua transformação interior

- Faça uma retrospectiva de sua vida, lembrando-se das suas crenças e valores do passado; avalie o quanto você acreditou, o quanto investiu e o que aconteceu com eles.

- Descubra seus valores e crenças atuais e seja fiel a eles, defendendo-os com coragem e perseverança. Não desanime diante das incompreensões das pessoas à sua volta.

- Busque conhecer pessoas que acreditam nas mesmas coisas que você, a fim de desenvolver iniciativas capazes de realizar esses ideais.

Quando nos dispomos a ajudar, podemos superar nossos próprios limites

$\mathcal{H}$á sempre algo que podemos fazer, mesmo quando as nossas capacidades naturais são limitadas.

Não existe empecilho para quem deseja ajudar.

O gatinho órfão

Num pequeno sítio, localizado à beira de uma rodovia, no interior de Pernambuco, vivia um casal de gatos.

Um dia a gata ficou prenha, dando à luz um lindo filhote. Como boa mãe, ela se empenhava em protegê-lo, cuidando com dedicação e o amamentando várias vezes ao dia.

Certa manhã, ao sair para caçar do outro lado da pista, a gata foi atropelada por um carro, vindo a falecer no local do acidente.

Sem saber o que havia acontecido com a sua mãe, o pequeno filhote miava o tempo inteiro. Sentia-se faminto e desprotegido.

Ele era ainda muito pequeno, engatinhava como um bebê que ensaia os seus primeiros passos.

A dona do sítio tentou alimentá-lo, oferecendo-lhe leite num prato, porém o esforço foi em vão, o gatinho estava tão desconsolado com a ausência da mãe que se negava a comer, passando dois dias sem se alimentar.

O gato macho, vendo a situação do filhote e percebendo que ele estava definhando, resolveu se colocar no lugar da fêmea, deitando-se junto da cria e oferecendo-lhe os seus próprios mamilos para servir de acalanto. Depois de mamar por um tempo no pai, mesmo sem leite, o gatinho parou de miar e dormiu por um bom tempo.

No dia seguinte, já aceitou tomar o leite no prato, porém não dispensava mamar também no seu pai, onde supria sua carência afetiva.

A dona da casa entendeu que, o que havia salvado aquele filhote, não tinha sido apenas o leite que ela cuidadosamente colocara todos os dias, mas principalmente o calor da presença do gato macho que suprira a fome afetiva do filhote.

---

*Releia esta história,
analisando o que ela tem a ver com você.
Use as perguntas abaixo para auxiliar sua reflexão.*

- Você já viveu alguma experiência em que ultrapassou seus próprios limites para beneficiar alguém?

- Como está a sua disposição e perseverança para ajudar as pessoas a sua volta?

- Você acredita que pode contribuir positivamente na vida de alguém?

Quando o coração se compadece de algo, só por isso já existe alguma coisa que pode ser feita

Se aquele gato macho tivesse considerado sua incapacidade de amamentar, não teria salvado o pequeno filhote; poderia pensar que não produziria leite e, por isso, não haveria nada a fazer. A vontade de ajudar impulsionou-o a realizar o que era possível fazer naquele momento, ou seja, deitar ao lado do gatinho e oferecer-se para acalmá-lo e assim, quando se deu conta, já se viu fazendo o impossível, com o filhote sugando os seus mamilos.

Algumas vezes o sentimento de incapacidade bloqueia a nossa iniciativa de tentar fazer algo diante de um desafio.

Quando realmente desejamos ajudar alguém, devemos estar sempre atentos àquilo que temos nas mãos como recursos e, sem medo, nos deixar levar pela voz do coração, pois quando o nosso coração se enche de compaixão e amor, a força dessas emoções nos impulsiona a realizar grandes feitos, e o impossível pode acontecer; por isso, não devemos nos desmotivar diante dos obstáculos aparentemente intransponíveis.

A partir do momento que tiramos a atenção dos recursos exteriores e passamos a enxergar nossos recursos interiores, ou seja, aqueles que fazem parte da nossa essência, podemos encontrar dentro de nós as ferramentas adequadas para solucionar os problemas que as evidências apontam como impossíveis de ser superados.

Exercício de introspecção

Acomode-se confortavelmente onde você se encontra.

Descontraia os pés, as pernas, o tórax, o pescoço, os músculos da face.

Ponha as mãos sobre o abdômen para sentir o ar entrando e saindo dos seus pulmões; pense que ele é o sopro da vida no seu organismo. Imagine o que seria de você sem esta respiração. Aumente a sua consciência sobre a importância desse ar que entra e sai naturalmente de você.

Reflita sobre este ar e perceba que ele não está só em você, mas também se encontra garantindo a vida de outras pessoas, além de animais e plantas. Aprofunde sua análise e imagine que ele está em todos os seres vivos, sem distinção. É o sopro do Criador para todas as suas criaturas. Você, também, faz parte dessa criação, faz parte deste universo, tão grande, que o homem ainda não descobriu totalmente. Imagine que tudo que existe é obra das mesmas mãos de um só Criador. Tudo que respira louva ao Senhor.

Toda sua criação louva-o e agradece pelo sopro da vida. Agradeça, também, ao Criador por sua vida.

Você é criatura e filho de Deus, moldado por suas mãos, moldada por seu Amor.

Conte de zero a cinco para fazermos uma viagem. Imagine você num lindo campo de trigo, tão grande que vai além das suas vistas, tão alto que ultrapassa sua altura, e suas espigas douradas convidam a serem colhidas e saboreadas. Você corre por dentro dele, alegre, pulando, como uma criança. Olhe para o céu azul. Sinta o vento leve tocando seu corpo e assanhando seus cabelos. O dia está lindo, e o sol brilhante parece querer brincar também, enviando seus raios de luz e calor...

Em sua caminhada, seguindo a plantação, você sobe uma bela montanha e lá encontra uma pessoa muito especial: é Jesus. Ele olha para você com aquele sorriso sincero, franco, e com seu olhar profundo, tão profundo que é capaz de enxergar toda a sua vida. Você abraça-o e encosta a cabeça em seu peito, e seus corações batem como se fossem um só coração falando: Jesus, Jesus, Jesus...

Nesse instante você percebe o filme da sua vida, quanta coisa você poderia ter feito e não fez. Que pena!

Jesus entende o que você está sentindo e fala agora com você:

– Meu filho, eu conheço sua história e sei que você deixou de fazer muitas coisas por medo, insegurança, sentimentos de inferioridade... Em alguns momentos você esteve acomodado, vivendo apenas sua vida e deixando que os outros vivessem também a deles, mas tudo isso passou... e serve para que, no momento presente, você use dessas lembranças como experiência. De agora em diante pense que é capaz de vencer todos os pensamentos e sentimentos negativos que existem em você. Quando deixamos a força do amor e da compaixão se mover dentro de nós, descobrimos que podemos fazer até mesmo o que julgamos impossível.

Ouvindo isso, você se enche de força e convicção para retomar a sua vida usando a voz do coração.

Agora você se despede de Jesus e volta para o local onde se encontra.

Faça a contagem regressiva, de cinco a zero...

Para auxiliar em sua transformação interior

- Procure ampliar a consciência sobre a importância do seu papel nas comunidades onde você está inserido e acredite que sempre há algo que pode ser feito.

- Não deixe de ajudar alguém ou desenvolver uma ação comunitária, por considerar que a sua ajuda é pequena diante das necessidades atuais; busque mais informações e procure unir-se a outras pessoas que tenham o mesmo ideal que você.

- Diante de um obstáculo, aparentemente intransponível, aquiete a sua mente e procure ouvir a voz do coração.

Acomodar-se ao desconforto ou procurar conhecer a causa do problema

Quando convivemos com uma situação desagradável por muito tempo, nos acostumamos tanto com o desconforto que não percebemos que a solução está bem debaixo do nosso nariz.

Como você se comporta diante daquilo que o incomoda?

O homem que sentia dores nos pés

Um homem vivia reclamando de dores nos pés. A situação piorava quando ele fazia longas caminhadas.

Vivia triste, pois, por causa dessas dores, perdia muitas oportunidades de lazer. Muitas foram as vezes que deixou de viajar com a família ou amigos por conta dessa dificuldade, que já virava um problema na sua vida.

As pessoas o aconselhavam a procurar um médico a fim de investigar o assunto, mas ele resistia a esta ideia por pensar que seu problema não tinha solução.

Um dia, depois de uma caminhada ao comércio local, não aguentando de tantas dores, resolveu procurar um profissional especializado.

– Doutor, eu sinto muitas dores nos pés, que pioram quando eu ando longas distâncias – disse ele ao médico.

O especialista pediu-lhe para tirar os sapatos e sentar-se numa maca existente na sala, para examiná-lo.

– Não vejo nenhuma anormalidade nos seus pés – concluiu o médico. – Vou fazer umas radiografias para investigar melhor seu caso.

O homem foi conduzido à sala de Raios X e, após alguns minutos, voltou já com as chapas dentro de um envelope.

– Deixe-me ver os Raios X – falou o médico, pegando o diagnóstico do radiologista.

E depois de examinar as chapas, minuciosamente, exclamou:

– Não vejo nada de anormal em seus pés. Seus ossos, ligamentos e articulações estão em bom estado.

– Mas doutor – disse o homem decepcionado com o diagnóstico –, eu sinto muitas dores quando ando.

Neste momento o médico observa que o homem calça os sapatos com certa dificuldade e pede para analisar o calçado.

– Meu amigo – falou o doutor, sorrindo –, o problema não está nos seus pés, mas sim nos sapatos que você usa. Eles estão lhe apertando; é por isso que, quanto mais você anda, mais dói. Troque todos os sapatos e compre os novos com um número a mais.

Saindo dali, o homem entrou numa loja e fez o que o médico havia lhe recomendado; comprou um sapato maior do que aquele que, habitualmente, usava e já pôde perceber a diferença.

De fato, o problema não estava nos seus pés, mas nos sapatos que usava.

> *Releia esta história,*
> *analisando o que ela tem a ver com você.*
> *Use as perguntas abaixo para auxiliar sua reflexão.*
>
> - Como está a sua disposição para buscar seu conforto físico e emocional?
>
> - Você já se acomodou a um sofrimento, porque foi mais fácil aceitá-lo do que lutar para superá-lo?
>
> - Qual a sua maior tendência: pensar na solução mais simples ou na mais complicada?

A solução de um problema, geralmente é mais fácil do que se imagina

Neste mundo, as dificuldades fazem parte da vida e cabe a cada um de nós compreendê-las de forma mais simples ou mais complicada.

As pessoas sentem os fatos, as situações, de maneira muito peculiar. Há quem encare certas dificuldades com tanta simplicidade, que nem parece que passa por elas; entretanto, há também quem complique tanto o que sente que não consegue perceber que a solução está mais fácil do que pode imaginar.

O homem da história andou por muito tempo com dores nos pés por causa dos sapatos apertados e só compreendeu que este era o motivo de suas dores quando alguém de fora, neste caso o médico, o alertou para isto.

Simplificar ou complicar as dificuldades pode ser um comportamento aprendido e exercitado ao longo do tempo.

Algumas pessoas, por terem convivido grande parte de sua história com adultos complicados, aprenderam este padrão de comportamento e automatizaram-no nas suas vidas.

Em contrapartida, outras desenvolveram uma visão tão simples sobre os desconfortos que, com facilidade, encontram saídas incríveis e criativas para seus problemas.

Ser mais complicado ou mais simplório na busca de soluções para os próprios desconfortos pode estar também ligado ao nosso temperamento.

Normalmente as pessoas mais detalhistas tendem a se apegar mais às próprias ideias, intensificando sentimentos e sofrendo mais do que o necessário.

Já aquelas pouco detalhistas, ou seja, mais objetivas, procuram olhar outros ângulos da dificuldade e, por isso, descobrem mais facilmente solução para aquilo que as incomodam, sofrendo menos com isso.

O pessimismo é outro aspecto significativo que influi na maneira pela qual as pessoas encaram suas dificuldades.

Geralmente, os pessimistas imaginam as piores hipóteses para seus sofrimentos. Se estão doentes, já pensam que se trata de uma doença ruim. Na família, entre amigos e no trabalho, também criam situações que poderiam ser evitadas, não fosse sua maneira complicada de encarar os fatos.

Já os otimistas, parecem que estão sempre felizes e, mesmo diante de evidências negativas, conseguem pensar nas possibilidades positivas.

Você pode escolher entre viver a vida de forma simples e descomplicada ou encará-la de maneira complexa e difícil.

Exercício de introspecção

Dê uma boa espreguiçada.

Respire profundamente observando o ar entrar e sair naturalmente de seu organismo.

Coloque as duas mãos no abdômen e sinta a respiração como um processo de desintoxicação, em que o ar leva para dentro de você muita paz e coloca para fora tudo aquilo que lhe tira a paz.

Imagine-se andando numa estrada de terra em meio a uma linda paisagem.

Você está com uma roupa leve e calça um tênis confortável.

Todo o ambiente é de paz e muita harmonia. Há muitas flores do campo, borboletas coloridas voando de um lado para outro. Existem, também, árvores altas e frondosas onde pássaros cantam celebrando a vida.

O dia está bonito, o céu azul, o vento suave toca a sua pele, parecendo acariciá-lo.

Você anda em meio a esse belo cenário, sentindo-se contente por estar ali.

Imagine que a estrada por onde você anda torna-se mais pedregosa e os seus pés começam a sentir o impacto desconfortável dessas pedras.

Após um tempo de caminhada, seus pés já estão doendo e você deseja sentar-se para descansar, mas não encontra local adequado.

O sol torna-se mais forte e o calor está insuportável. Você não pode parar de caminhar porque não há mais árvore nem vegetação alguma; parece que tudo se transformou num imenso deserto.

Os seus pés estão doendo demais e você procura, desesperadamente, um local para aliviar aquele desconforto.

Nesse momento, alguém vem andando em sua direção e você percebe que se trata de Jesus. Ele olha para você e nota o seu cansaço e dificuldade em caminhar.

Jesus tira da sacola que carrega nas costas uma tenda, e a monta diante de você, convidando-o para se instalar debaixo dela.

Você senta e sente-se mais aliviado. Jesus, então, pede-lhe para tirar o tênis e, nessa hora, ele descobre algumas pedrinhas que se instalaram ali, sem você perceber.

Jesus fala que aquela caminhada devia ter sido confortável e prazerosa e só se tornou cansativa e desgastante porque você não tirou a pedra de dentro de seu tênis.

Pense agora em todas as pedras que lhe causaram desconforto durante a vida, ou seja, tudo aquilo que lhe provocou desgaste físico e emocional. Imagine que cada dificuldade, problema, situação desgastante é uma pedrinha e que você vai partilhar com Jesus seus sentimentos em relação a tudo isso.

Olhe para Jesus e diga-lhe:

– Jesus, eu desejo estar mais atento às pedras que me fazem sofrer... (repita várias vezes).

– Jesus, ajuda-me a superar essas situações... (repita várias vezes).

– Jesus, dá-me coragem e iniciativa para enfrentar as dificuldades que aparecem em meu caminho sem esperar que outras pessoas façam isso por mim... (repita várias vezes).

– Jesus, Jesus, Jesus... (repita várias vezes).

Para auxiliar em sua transformação interior

- Decida-se, de uma vez por todas, a descomplicar sua vida. Considere que a solução é mais simples do que você imagina.

- Não se acomode ao desconforto pensando que não existe mais nada a ser feito, pois há sempre algo possível de se fazer para melhorar uma dificuldade.

- Diante das dificuldades seja menos detalhista, desenvolva a praticidade e o otimismo.

A nossa aparência pode falar mais do que nossas palavras

Quando descobrimos que o corpo fala tanto quanto as palavras, percebemos a importância de estarmos atentos a nossa aparência e linguagem corporal.

O semblante e a postura do corpo refletem como está o nosso interior.

Você tem cara de quê?

Um psicólogo atendia uma mulher que chegara a seu consultório desmotivada, com fortes sentimentos de baixa autoestima. Ela era aposentada e vivia com seu marido numa casa que havia conquistado durante o tempo em que trabalhava numa repartição pública. Seu irmão mais novo costumava visitá-la nos finais de semana e, na maioria das vezes, antes de se despedir, abria-lhe a mão e dava-lhe um "dinheirinho", dizendo:

– Isto é para você!

Um dia, ao sair para fazer algumas compras, enquanto estava na calçada aguardando o ônibus, um jovem que passava por ela retornou depois de ter dado alguns passos adiante e, para sua surpresa, abriu-lhe a mão e depositou ali algumas moedas.

– Eu não estou pedindo! – disse a mulher meio sem graça.

O rapaz insistiu dizendo-lhe que, quando olhou para ela, havia sentido no coração que deveria fazer aquela oferta.

Ao retornar ao psicólogo, ela comenta o ocorrido e naquele dia a consulta girou em torno do assunto. Em um dado momento da terapia, o profissional levou-a para outra sala onde existia um enorme espelho e, colocando-a de frente para ele, pediu-lhe que observasse a sua aparência.

– Veja seu rosto, cabelo, roupa, postura corporal – disse o psicólogo. – Sinceramente, você tem cara de quê?

Meio atônita, depois de algum tempo em silêncio, a mulher respondeu:

– Tenho cara de pedinte, doutor.

E o profissional concluiu a consulta, dizendo-lhe:

– Agora você entende por que aquele jovem deu-lhe uma esmola, sem mesmo lhe pedir. Depende de você escolher continuar sendo mendiga ou restaurar sua imagem física e emocional.

Naquele dia a mulher voltou para a casa pensativa e decidida a cuidar melhor de sua aparência externa e, principalmente, de sua disposição interior. A partir daquele momento iniciava-se uma nova fase em sua vida.

Releia esta história,
analisando o que ela tem a ver com você.
Use as perguntas abaixo para auxiliar sua reflexão.

- Ao ver sua imagem refletida no espelho, que tipo de impressão você tem de si mesmo?

- Alguma vez alguém falou algo sobre seu semblante ou postura corporal que você não havia percebido?

- Que impressão você causa, à primeira vista, às pessoas a sua volta?

Antes de nos preocuparmos com a aparência é preciso dar mais atenção aos sentimentos

Vivemos num mundo em que as aparências são muito valorizadas. O cuidado com a parte física está em toda parte, nas lojas, nos bancos, nas escolas, nos supermercados; é visível a preocupação com a aparência. A fim de atrair a clientela, essas instituições procuram proporcionar ambientes limpos, bonitos e agradáveis. Se formos usar um transporte público, por exemplo, e pudermos escolher entre um ônibus bem cuidado e outro maltratado, certamente, optaremos pelo que possui melhor aparência.

Quando as pessoas vão procurar emprego é comum usarem roupas elegantes, compatíveis com o cargo ou função a que se propõem. Por outro lado, quem vai contratar, observa a roupa, a postura corporal, o cabelo e os gestos dos candidatos. Não que isso seja o mais importante, mas, é claro, influenciará no momento da escolha e contratação.

A todo momento comunicamos ao mundo a nossa volta quem somos e como estamos nos sentindo através da nossa aparência e posturas corporais. Algumas vezes impregnamos em nossa maneira de ser certas posturas que falam, claramente, de nossos sentimentos ou disposição interior, e nem percebemos que assumimos essa postura, como é o caso da mulher da história que impregnou em sua fisionomia e, até mesmo, no modo de vestir, uma contínua expressão de pedinte.

Devemos estar atentos à impressão que causamos aos outros, pois, com o tempo, adquirimos hábitos de comportamento que se tornam automáticos e que podem prejudicar a nossa imagem, transmitindo algo que não gostaríamos de ser. Cuidar da saúde do corpo, da pele, da aparência e, principalmente, das emoções é algo bom, útil e necessário para quem deseja ser feliz e bem-sucedido na vida.

Exercício de introspecção

Acomode-se bem onde está.

Relaxe a musculatura. Descontraia as costas, os ombros, os braços, as pernas e os pés.

Coloque as mãos sobre o abdômen para sentir o ar entrando e saindo de você.

Imagine que a cada inspiração seu sangue fica repleto de oxigênio, realizando a festa da vida em seu organismo.

Pense, também, que a cada expiração acontece um processo de limpeza onde você se sente renovado.

Agora, imagine-se diante de um espelho no qual você pode ver seu corpo inteiro.

Observe seu rosto e sua postura corporal e imagine que impressão você causa às pessoas.

Você parece ser uma pessoa agradável ou desagradável? Calma ou nervosa? Alegre ou triste? Segura ou insegura? Corajosa ou medrosa?

Vá imaginando como você se sente atualmente.

Traga à tona todos os sentimentos que você carrega habitualmente e dê uma cara para eles.

Pense como fica sua fisionomia diante das pessoas, quando você está em paz e feliz.

Imagine todos os sentimentos que gostaria de sentir.

Pense em Jesus à sua frente olhando para você e lhe transmitindo muita luz. Nesse momento, fale com ele:

– Jesus, eu desejo sentir a tua luz no meu corpo, na minha mente e no meu espírito... (repita várias vezes).

– Jesus, eu desejo refletir luz para o mundo a minha volta... (repita várias vezes).

– Jesus, eu desejo me sentir feliz... (repita várias vezes).

– Jesus, eu quero ter cara de gente feliz... (repita várias vezes).

– Jesus, Jesus, Jesus... (repita várias vezes).

> Para auxiliar em sua transformação interior
>
> - Observe a sua aparência e avalie o que ela comunica.
>
> - Não acostume seu corpo a ter uma postura relaxada; mantenha a coluna ereta e o andar, firme.
>
> - Quando se olhar no espelho, imagine que dentro de você existe uma luz possível de ser transmitida às pessoas a sua volta através de sua fala, fisionomia e gestos.

O sucesso nos relacionamentos depende da comunicação

$\mathcal{N}$uma comunicação horizontal, todos crescem porque consideramos que as pessoas estão no mesmo patamar.

Você já observou a forma pela qual se relaciona com as pessoas?

Vivendo e convivendo em um barco

Uma jovem passou muitos anos vivendo em alto-mar.

Quando seus pais optaram por comprar um veleiro a fim de viajarem pelo mundo, ela era ainda criança.

Um dia, ao ancorarem em um porto, um repórter que acompanhava as aventuras da família, já havia algum tempo, subiu a bordo para fazer uma matéria com os aventureiros.

Ao ser indagada sobre a convivência entre ela, os irmãos e os pais dentro de um espaço tão pequeno, respondeu:

– A primeira mudança que percebi em nossa convivência foi em meus pais, que compreenderam a necessidade de considerar a opinião dos filhos para as decisões a serem tomadas. No início, eles apenas nos comunicavam o que haviam decidido, sem nos consultar; era como se eles tivessem nos olhando de cima para baixo. Com o passar do tempo, perceberam que precisavam descer de seus pedestais e se relacionar conosco, de igual para igual. No princípio, eles decidiam sozinhos o que deveríamos fazer, o lugar aonde iríamos e a melhor rota a ser desenvolvida. Essa forma de atitude autoritária gerou alguns desentendimentos entre nós, já que nos sentíamos excluídos das decisões. Então, compreenderam que essa forma de comunicação vertical não era a melhor maneira de convivermos e passaram a adotar um novo estilo de relacionamento, no qual pediam nossas opiniões e aceitavam nossas sugestões. E assim passamos a nos entender melhor numa forma de relacionamento horizontal, onde todos têm direitos e deveres.

Depois de escutar essas palavras, o repórter passou a refletir sobre o seu relacionamento dentro da própria família e, a partir daí, procurou também usar a comunicação horizontal na sua vida.

> *Releia esta história,*
> *analisando o que ela tem a ver com você.*
> *Use as perguntas abaixo para auxiliar sua reflexão.*
>
> - Nos seus relacionamentos, qual a forma de comunicação que você mais usa: a vertical ou a horizontal?
>
> - Analisando sua história em relação a seus pais, professores e educadores, qual o tipo de comunicação mais usada por eles?
>
> - Você percebe algum reflexo da forma de comunicação usada na sua infância sobre o seu comportamento atual?

O relacionamento horizontal possibilita o crescimento pessoal e coletivo

Ao observarmos nossos relacionamentos atuais, podemos perceber, antes de tudo, reflexos dos nossos relacionamentos no início de nossa vida, ou seja, aqueles que experienciamos com os nossos pais e educadores.

Muita gente conviveu na infância com adultos autoritários que não consideravam os desejos e opiniões das pessoas, principalmente das crianças, e por conta disso, têm dificuldade de expressar suas escolhas.

Houve uma época em que a criança não podia "se meter em conversa de adulto"; até existia mesa e horário separados, a fim de elas fazerem suas refeições longe de "gente grande".

Esse foi um tempo em que criança não podia dar opinião em nada e só devia obedecer aos mais velhos.

Esse tipo de comunicação não só acontecia nas famílias, mas também na maioria das instituições, e entre patrão e empregado.

Com o passar do tempo, essa situação foi mudando e a sociedade passou a desenvolver um novo modelo de convivência mais harmonioso.

Atualmente, o padrão de relacionamento horizontal é considerado a melhor forma para o progresso das pessoas e dos grupos sociais em que estão inseridas.

Quanto mais a pessoa foi reprimida em sua infância, mais tem a tendência de desenvolver relacionamentos do tipo vertical. Ou ela manda, não admitindo opiniões contrárias a sua, ou ela se coloca numa posição de submissão extrema, a ponto de anular as próprias convicções.

Para termos uma melhor compreensão sobre a maneira pela qual nos relacionamos, devemos analisar a nossa história, considerando o modo que fomos tratados por nossos pais e educadores, pois, de alguma forma, ainda podem refletir sobre os nossos comportamentos atuais.

Se você deseja ter relacionamentos saudáveis com as pessoas com as quais convive, é importante analisar o quanto ainda as lembranças do passado lhe incomodam, pois, sem perceber, algumas vezes você pode imitar atitudes de seus pais e educadores, agindo como eles nos relacionamentos com seus filhos, amigos, parentes ou colegas de trabalho.

Tornamo-nos aquilo que não gostaríamos de ser e que tanto reprovamos no outro.

Todas as pessoas são iguais, não importa a idade, a profissão, a condição social, a hierarquia; todos nós possuímos direitos e deveres a serem cumpridos e respeitados.

Escutar mais, dar oportunidade para o outro falar, valorizar as ideias e opiniões diferentes das nossas, sem necessariamente concordar com o seu conteúdo, dar vez e voz para as pessoas com as quais convivemos, respeitando suas qualidades e limitações, são padrões de comportamentos de um modelo de comunicação horizontal que nos leva a um clima de paz e prosperidade pessoal e coletiva.

Exercício de introspecção

Espreguice o seu corpo.

Alongue seus braços para cima, para trás, para o lado direito, para o lado esquerdo. Abra a boca, boceje e procure se acomodar confortavelmente onde você está.

Relaxe o peso do seu corpo. Descontraia os músculos e sinta o ar fazendo uma limpeza em você.

Coloque as duas mãos sobre o abdômen e sinta a respiração como um processo de desintoxicação, em que o ar leva para dentro de você muita paz.

Você fará uma viagem ao seu passado, a fim de voltar na sua infância e analisar como se sentia diante dos seus pais e educadores.

Conte de cinco a zero e, a partir daí, procure recordar a forma como você foi tratado pelos seus pais, avós, tios, irmãos mais velhos, professores e outros adultos que fizeram parte da sua história.

Reflita também como eles se tratavam entre si. Como seu pai tratava sua mãe, ou como sua mãe tratava o seu pai...

Analise como era a comunicação e os relacionamentos dessas pessoas e compare com as suas atitudes atuais, com a forma de você se relacionar com sua família, seus amigos, seus colegas de trabalho.

Se você perceber que precisa melhorar, imagine o que necessita mudar e diga em voz alta:

– Eu quero mudar, para o meu bem e para o bem das pessoas com as quais convivo!

Agora, imagine Jesus lendo os seus pensamentos e diga para ele:

– Jesus, eu desejo melhorar meus relacionamentos... (repetir várias vezes).

– Jesus, eu não quero ser autoritário, arrogante, prepotente... (repetir várias vezes).

– Jesus, eu desejo ser uma pessoa gentil, paciente e flexível... (repetir várias vezes).

– Jesus, Jesus, Jesus... (repetir várias vezes).

Para auxiliar em sua transformação interior

- Analise a forma como você se relaciona com as pessoas e, considerando os dois tipos de comunicação, observe qual o modelo que você usa mais.

- Melhore seus relacionamentos escutando mais o que as pessoas têm a lhe dizer e demonstrando interesse sobre o que falam.

- Tenha sempre em mente que a melhor comunicação se dá de forma horizontal.

O inesperado faz parte da vida

Quando aceitamos as situações que acontecem diferente daquilo que esperávamos, descobrimos o quanto somos capazes de encontrar soluções inéditas.

Como você lida com o inesperado?

Uma viagem não programada

Esta história aconteceu há mais de dois mil anos, no tempo em que César Augusto era imperador de Roma e ordenou um recenseamento, pelo qual todas as pessoas deviam alistar-se, cada uma em sua cidade natal.

Nessa época, morava em Nazaré um casal que esperava seu primeiro filho; a mulher já estava na época de dar à luz, quando veio a ordem do imperador para todos, sem exceção, se recadastrarem. Por isso, José e Maria deixaram a cidade de Nazaré, na Galileia, para a região da Judeia, na cidade de Davi, chamada Belém, por serem da família de Davi.

Certamente, tinham providenciado toda a estrutura para acolherem o recém-nascido. Como José era carpinteiro, já devia ter confeccionado o berço para a criança e Maria, como as mulheres daquela época, feito cuidadosamente o enxoval do bebê; mas tiveram de deixar tudo isso para trás, a fim de fazerem a viagem, levando estritamente o necessário.

Naquele tempo o meio de transporte usado era o camelo, o jumento ou o cavalo, nada confortável para uma gestante de nove meses. Após alguns dias de viagem, o casal chegou a Belém, porém, devido ao grande fluxo de pessoas que migravam para ali, não havia mais vagas nas hospedarias.

Maria sentia-se cansada e, já com sinais de parto, precisava de um lugar calmo para descansar; então,

José lembrou-se de ter visto um estábulo na entrada da cidade e, assim, levou-a para lá.

Foi nessa noite que nasceu a criança à qual eles deram o nome de Jesus.

Maria envolveu o menino com faixas e o reclinou numa manjedoura, que era uma espécie de cocho, onde se colocava o capim para os animais comerem.

Apesar de estarem longe de casa, não faltou nada para eles. Em nenhum momento se revoltaram ou sentiram-se abandonados, pelo contrário, em seus corações existia muita paz e confiança de que tudo daria certo, pois eram pessoas que acreditavam na Providência Divina.

---

*Releia esta história,
analisando o que ela tem a ver com você.
Use as perguntas abaixo para auxiliar sua reflexão.*

- Como você reage ao inesperado?

- Que tipo de sentimentos você experimenta quando as coisas parecem dar errado?

- Como está a sua confiança na Providência Divina?

A melhor maneira de enfrentar as situações inesperadas é manter a calma e a confiança em Deus

Esta história lhe dá um exemplo de calma, desapego e adaptação diante de uma situação difícil e inesperada.

Ao analisarmos a situação vivida pelo casal, podemos imaginar o transtorno causado pelo recenseamento, pois já deviam ter organizado o ambiente da casa para receber o filho prestes a nascer.

Como José era carpinteiro, certamente, confeccionou um berço confortável para acolhê-lo. Por outro lado, Maria com suas habilidades femininas, deve ter costurado algumas mantas, lençóis e roupas para a criança. Tudo devia estar minuciosamente organizado, quando precisaram deixar toda essa segurança para fazer uma viagem, exatamente na época em que a criança deveria nascer.

É interessante e maravilhoso analisarmos esta história, pois ela nos dá uma grande lição de vida.

Além da aceitação do inesperado num clima de paz, o casal nutria o sentimento de confiança na Providência Divina, acreditando que tudo acabaria bem.

Isso nos alerta de que todo planejamento que fazemos para a nossa vida deve considerar uma margem para as surpresas e os acontecimentos não programados.

Devemos fazer a parte que nos cabe, sem desespero, sem revolta, mantendo a calma, a aceitação do novo e, principalmente, a confiança em Deus. Isso nos proporcionará paz interior, além de nos fazer entender que certas dificuldades acontecem com uma finalidade.

Outro aspecto desta história é a atenção de José para as coisas que surgiam à sua frente, como, por exemplo, a estrebaria que havia na entrada da cidade. Foi graças a esta atenção que, ao constatar a falta de vagas nas hospedarias, teve a ideia de usar aquele local como dormitório. Este detalhe, que pode passar despercebido para algumas pessoas, é a grande solução para a dificuldade do momento.

Esteja sempre atento ao presente e àquilo que ele lhe oferece. Não perca os detalhes que se revelam no aqui e agora, pois através deles você pode encontrar soluções inéditas.

Exercício de introspecção

Espreguice o seu corpo.

Alongue seus braços para cima, para trás, para um lado e para o outro. Abra a boca, boceje e procure se acomodar confortavelmente onde você está.

Relaxe e descontraia os músculos, sentindo o ar fazer uma limpeza em você. Coloque as duas mãos no abdômen e perceba sua respiração como um processo de desintoxicação, em que o ar leva para dentro de você muita paz e coloca para fora tudo aquilo que causa desconforto.

Imagine que você fará aquela viagem da história, acompanhando Maria e José em sua trajetória.

Primeiro você chega até a casa onde eles moram em Nazaré. Observe como o local é simples e acolhedor, perceba a harmonia do lugar. Agora você vê uma correspondência comunicando a necessidade de eles fazerem uma viagem. Observe como conversam sobre o assunto, repare como a paz e a confiança em Deus reinam em seus corações.

Nesse momento você pensa como reagiria naquela situação e como costuma reagir quando as coisas acontecem diferentes daquilo que programou. Aproveite a ocasião para pensar como seria bom se você tivesse essa tranquilidade e essa confiança em Deus, tão presentes em Maria e José. Se você desejar, peça para Jesus, que está na barriga de Maria, para lhe restaurar a calma, a paz interior e a confiança na Providência Divina. Visualize-se pedindo licença a Maria para colocar suas mãos no ventre dela, a fim de sentir a luz de Jesus e, através dessa luz, todas as suas células nervosas se acalmar, abastecendo-se de calma, tranquilidade, paz interior.

Sinta a paz que vem de Jesus percorrer todo seu corpo, mente e espírito. Imagine que todo medo, agitação, angústia, insegurança estão indo embora para bem longe.

Agora, Maria e José saem para enfrentar a estrada e o convidam a acompanhá-los, a fim de aprender mais lições para sua vida. São dias de caminhada, debaixo de sol e de chuva. Você observa o cansaço, principalmente em Maria, mas ela não reclama, não lamenta, não se faz de vítima, pelo contrário, se mantém firme e forte. Peça para Jesus forças para você superar hábitos de reclamações ou de autopiedade, dizendo:

– Jesus, eu desejo ser firme e forte como Maria... (repita várias vezes).

Agora já estão próximos da cidade e José vê a estrebaria que lhe servirá de hospedagem. Fale para Jesus:

– Jesus, eu desejo estar mais atento aos detalhes que surgem à minha frente... (repita várias vezes).

Visualize o casal chegando à cidade e constatando que não tem lugar para se hospedar e voltando para a estrebaria, a fim de passarem a noite lá. Observe José preparando o local para Maria se acomodar e os dois dormindo tranquilamente. Imagine que em certo momento da madrugada a criança nasce, enchendo o local de luz. Nesta ocasião você aproveita para absorver esta maravilhosa energia que paira no ar.

Diga para Jesus:

– Eu desejo que a tua luz guie sempre os meus passos, para que eu possa enxergar as novas soluções diante das situações inesperadas.

– Jesus, Jesus, Jesus... (repita várias vezes).

Para auxiliar em sua transformação interior

- Quando as situações acontecerem diferente daquilo que você esperava, mantenha a calma.

- Evite nutrir inconformismo ou sentimento de autopiedade. Imagine que Deus está olhando por você e que, no tempo oportuno, tudo se resolverá.

- Esteja atento aos detalhes, não despreze nada, pois um deles poderá ser a seta que lhe indicará uma nova solução.

Música, identidade e comportamento

Através da música podemos resgatar nossa história e reencontrar a nossa essência original.

A música pode servir como força de motivação.

Um antropólogo no Xingu

Um antropólogo que estudava a vida dos índios conheceu, em uma de suas viagens, uma tribo do Alto Xingu, onde passou algum tempo observando os costumes daquela gente.

Certo dia, acordou com uma música suave que a tribo cantava ao redor de uma criança nascida naquela madrugada.

Ao indagar sobre a melodia, foi informado de que aquela canção havia sido composta pelos pais da criança como um presente para ela e que seria usada em todos os momentos significativos da sua vida.

O antropólogo pôde observar que realmente a música acompanhava os membros da comunidade, sendo cantada em datas festivas.

Em aniversários, maioridade, casamentos, competições esportivas, ela era usada para incentivar, dar força ou comemorar os momentos significativos de cada um, virando assim uma espécie de identidade ou marca registrada.

Ela, também, era usada nas ocasiões em que um índio se desviava de seus valores, cometendo delitos, como uma forma de chamá-lo de volta para suas origens.

Um dia o pesquisador observou uma índia sentada à beira do rio, cantando uma mesma canção, insistentemente. Ele se aproximou dela e indagou sobre a melodia:

– Essa é a sua música favorita?

– Não – respondeu a mulher com os olhos cheios de lágrimas –, esta é a música de meu filho... Estou cantando para que ele nunca esqueça suas origens, pois irá passar um tempo longe da tribo.

Depois de conversar por mais alguns instantes com aquela mulher, o antropólogo ficou sabendo que o rapaz iria estudar na cidade dos brancos onde cursaria uma faculdade, a fim de ajudar melhor o seu povo.

Entendendo a importância da música para a vida daquela gente, o pesquisador procurou o cacique da tribo e pediu-lhe que fizesse uma canção para ele.

Depois de alguns dias, quando o antropólogo participava de uma competição esportiva com os homens da tribo, no momento em que, exausto, pensava em desistir, o cacique começou a cantar uma linda canção, sinalizando que aquela era a sua música. Era uma canção que falava de força e esperança.

Ele ficou tão emocionado que recuperou as forças físicas e conseguiu chegar ao término da maratona.

Era este o sentido que a música tinha na vida de cada índio: servir de motivação para superar obstáculos.

No dia em que o antropólogo se despediu da tribo, os índios se reuniram em torno dele para cantar sua canção. Foi algo emocionante e que ele nunca mais esqueceu.

Aquela melodia passou a fazer parte da sua identidade, servindo-lhe como alavanca nos momentos em que se sentia cansado ou desmotivado por algum motivo.

> *Releia esta história,*
> *analisando o que ela tem a ver com você.*
> *Use as perguntas abaixo para auxiliar sua reflexão.*
>
> - Quais as músicas que marcaram a sua vida?
>
> - Qual a música que traduz melhor os seus valores?
>
> - Atualmente, que música expressa a fase em que você está vivendo?
>
> - Você já escolheu uma música que retrata a sua identidade?

Você pode transformar a sua vida numa linda canção de amor

A música faz parte da vida.

Desde o útero materno escutamos sons que são capazes de nos acalmar ou nos agitar.

Durante a gestação, o bebê convive com o som do líquido amniótico na barriga da mãe, gravando-o em sua memória como uma canção de ninar, e é por isso que grande parte das pessoas, ao escutar o barulho da água, sente paz interior.

O som bonito e harmonioso nos causa bem-estar. O canto das aves, o vento, a chuva, a correnteza do rio, uma queda d'água, as ondas do mar, as vozes dos animais, as palavras das pessoas.

A música pode ser utilizada como forma de terapia, existindo para isso profissionais qualificados com formação acadêmica que usam os sons e as mensagens das músicas para tratar do humor, equilibrar as emoções e restaurar a autoestima.

Dependendo do temperamento, da história e do momento que estamos vivendo, temos a tendência de gostar mais de um tipo de música e menos de outro.

Na história narrada, a música acompanha cada índio em todos os momentos significativos da vida, principalmente, nas ocasiões em que estão cometendo erros ou se distanciando de seus valores. Ela serve como uma referência que aponta a direção correta na hora em que a pessoa está longe da sua verdadeira essência, a qual é a essência da paz e do contentamento interior.

A música pode servir para restaurar as nossas forças, melhorar a nossa motivação e resgatar os nossos valores.

Cabe a cada um de nós escolher a canção que mais traduz a nossa identidade, a fim de usá-la como referencial nas ocasiões significativas da nossa vida, especialmente, naquelas em que precisamos de força para superar as dificuldades e seguir sempre.

Exercício de introspecção

Acomode-se bem onde você está.

Dê uma boa espreguiçada. Respire fundo e coloque as mãos no abdômen sentindo o ar entrar e sair naturalmente do seu organismo.

Imagine que você vai para um local onde a natureza canta uma suave melodia de paz.

Sinta-se num lugar onde existe muita vegetação verde, flores do campo e um riacho, cuja água corre entre as pedras.

Imagine-se sentado próximo a uma cachoeira, onde pode escutar o som suave da água.

Conforme vai escutando os sons que a natureza produz a sua volta, você sente-se cada vez mais tranquilo.

Pense que todo tipo de estresse físico e mental que se encontra em você está diminuindo, pois a força da energia da música da natureza está entrando pelos seus poros, caindo na sua corrente sanguínea e reorganizando o equilíbrio de seu corpo, mente e espírito.

Imagine que Jesus chega até você e completa essa música de paz, estendendo as mãos sobre você e lhe transmitindo muita luz.

Fale com ele:

– Jesus, eu desejo que a minha vida seja uma canção de paz e alegria... (repita várias vezes).

– Jesus, ajuda-me a reorganizar a música da história da minha vida, principalmente onde ela está fora de compasso... (repetir várias vezes).

– Jesus, desejo que as minhas palavras, fisionomias e gestos sejam uma melodia de paz e amor para as pessoas a minha volta... (repetir várias vezes).

– Jesus, Jesus, Jesus... (repetir várias vezes).

Para auxiliar em sua transformação interior

- Procure ouvir as músicas que lhe tragam boas recordações e com as quais você se sinta bem.

- Eleja uma música nova para este momento ou fase que você vive. Escolha uma que lhe transmita bons sentimentos como motivação, alegria e paz.

- Imagine que todos os dias você compõe parte da música da sua vida. Aproveite o momento presente para compor uma música de amor, esperança e fé.

Precisamos de bem menos do que possuímos

Acumulamos em nossa vida mais do que precisamos. Adquirimos o costume de consumir cada vez mais. No entanto, precisamos bem menos do que imaginamos.

*Você já passou pela experiência
de perder coisas imprescindíveis
e, a partir daí, perceber que podia passar sem elas?*

Os tênis perdidos

Uma família acabara de se mudar para uma nova casa. Durante a primeira semana, todos cuidavam da organização dos móveis, objetos e pertences pessoais.

Depois de procurar seus tênis e não ter encontrado, o filho adolescente perguntou:

– Mãe, você viu uma sacola de plástico onde eu guardei todos os meus tênis novos?

– Não, filho – respondeu a mãe na cozinha –, quando organizarmos toda a mudança, certamente vamos encontrar.

Depois de uma semana, as coisas já estavam mais ou menos em seus lugares e o saco dos tênis ainda não havia aparecido.

A mãe lembrou-se de que, pouco antes da mudança, ela havia encontrado um saco cheio de tênis que julgara ser doação para uma associação de ajuda a pessoas carentes. Ela mesma observara que os tênis estavam em bom estado e levou o saco para a associação um dia antes da mudança. Logo, concluiu que se havia equivocado e doara os tênis de seu filho.

Esperou o filho chegar da faculdade e, meio sem graça, contou-lhe que havia doado os seus tênis sem saber, e também lhe prometeu comprar novos tênis; enquanto isso, ele deveria usar o único par que havia sobrado.

Um mês depois da mudança, quando a mãe estava organizando a garagem, encontrou um saco cheio de tênis e constatou que se tratava dos tênis que julgava ter doado. O que ela havia doado era, realmente, uma doação que alguém tinha feito para a associação.

Feliz, ela comunicou ao filho que achara o saco que continha todos os seus tênis mais novos. Para sua surpresa, o filho respondeu-lhe:

– Pode doar todos eles, mãe. Nesse tempo que eu passei apenas com um par de tênis percebi que não preciso de mais. Um já é suficiente para mim. Por favor, mamãe, doe esses, também, para os pobres.

Esse jovem tornou-se adulto, casou-se e uma vez por semana se dedica a distribuir alimentos para os pobres. Atualmente, é o presidente daquela associação para qual a mãe doou seus tênis: a nossa Casa de Maria Embaixadora da Paz.

> *Releia esta história,
> analisando o que ela tem a ver com você.
> Use as perguntas abaixo para auxiliar sua reflexão.*
>
> - Em seu armário, gavetas, prateleiras, existem coisas que há tempo você não usa?
>
> - Você é uma pessoa que compra mais do que precisa?
>
> - Já teve a experiência de perder algo que julgava ser indispensável e, então, perceber que não era tão importante quanto parecia?
>
> - Você já fez a experiência de viver somente com o necessário? Como se sentiu?

Apenas o necessário já é suficiente para nos sentirmos felizes!

Os recursos naturais existentes no mundo são suficientes para prover todas as necessidades de seus habitantes.

Um exemplo disso é o que acontece com a nossa agricultura, que é capaz de atender à alimentação de uma população e meia do planeta; no entanto, apesar disso, existem pessoas que ainda passam fome, o que significa que o problema não está na falta de alimentos, mas na distribuição destes recursos.

Podemos também considerar a falta de habitação, além das questões básicas de higiene, saúde, educação e vestuário.

Há poucos com muito e muitos com pouco ou quase nada.

O mundo moderno está cada vez mais consumista e, o que é mais grave, incentiva nas pessoas o desejo de obter coisas que, ao longo do tempo, se tornam pesos em suas vidas. O comércio e a indústria desenvolveram estratégias de venda capazes de convencer alguém de comprar algo que, na realidade, não precisaria. E há quem seja especializado em descobrir técnicas para induzir o consumidor a comprar certos produtos do mercado, associando-os a sensação de realização pessoal e felicidade.

Este cenário, além de causar um impacto no próprio planeta, onde as atividades extrativistas deveriam diminuir cada vez mais, a fim de preservar os recursos naturais, acaba por contribuir para um desequilíbrio socioeconômico na nossa sociedade.

Precisamos de bem menos do que podemos imaginar. Somos capazes de viver com poucos sapatos, menos roupas, menos móveis e, principalmente, menos cargos e funções.

Um exemplo disso são os índios que conseguiram desenvolver um estilo de vida mais simples e mais leve do que o nosso, no qual não há acúmulos de bens materiais nem de funções.

Gente que desenvolveu uma cultura justa e solidária, sem desperdício, nem excesso.

Algumas vezes, é necessário perder algo que julgamos indispensável para percebermos não ser tão importante na nossa vida.

Exercício de introspecção

Acomode-se bem onde você está e dê uma boa espreguiçada.

Imagine que Jesus está diante de você e deseja levá-lo para uma viagem, retrocedendo no tempo até a região da Palestina, onde ele nasceu e viveu.

Prepare-se para essa viagem. Crie o cenário em sua mente. Visualize o lugar onde ele viveu com a sua mãe Maria e seu pai José.

Jesus leva-o a esse lugar e agora você percebe a simplicidade da casa onde ele morava.

Observe a quantidade de móveis, roupas, calçados e utensílios domésticos que existe dentro da casa. É apenas o necessário para uma família viver decentemente.

Observe também a limpeza e a organização do ambiente. Agora, você volta no tempo e leva Jesus para conhecer a sua casa. Pense em Jesus chegando, nesse momento, onde você mora e vendo tudo o que tem. Ele vê, também, a limpeza e organização do lugar onde você vive.

Aproveite esse momento para conversar com ele. Diga-lhe como se sente em relação a tudo isso. Fale:

– Jesus, eu desejo descobrir a alegria da simplicidade... (repita várias vezes).

– Jesus, ajuda-me a consumir menos, comprar menos e doar mais... (repita várias vezes).

– Jesus, ajuda-me a viver mais leve e mais livre de pesos materiais... (repetir várias vezes).

– Jesus, Jesus, Jesus... (repetir várias vezes).

Para auxiliar em sua transformação interior

- Observe tudo o que você possui e avalie a utilidade disso na sua vida. Doe aquilo que for excesso.

- Exercite a caridade: cada vez que comprar ou ganhar algo novo, doe alguma coisa antiga.

- Procure consumir menos, assim não só você diminui seus gastos, mas também o planeta é beneficiado.

A aparência externa depende daquilo que é cultivado no interior

Quando cultivamos bons sentimentos, contribuímos para embelezar o ambiente em que vivemos.

Que tipo de sentimentos você costuma cultivar em seu interior?

O vaso refrescante

A Índia possui regiões muito quentes e, por isso, o povo desse local desenvolveu uma técnica muito simples para refrescar o ambiente onde mora.

Ela consiste em colocar água dentro de um vaso de cerâmica que contém microfuros através dos quais a água sai para o ambiente em forma de vapor. Esse vaso é confeccionado artesanalmente e cuidadosamente desenhado e pintado em sua parte externa.

Um dia, um ancião estava moldando a argila para fazer um desses potes, quando seu neto, uma criança de oito anos, perguntou-lhe o que fazia. O avô aproveitou o interesse do menino para ensiná-lo a confeccionar o objeto, mostrando-lhe a sua importância para o bem-estar das pessoas.

O garoto, então, perguntou por que o avô fazia tantos furos nas paredes do pote e qual o motivo dos desenhos tão perfeitos, uma vez que, depois do vaso pronto, a argila secaria e pouco se perceberia a pintura feita pelo lado de fora.

Com paciência, o ancião explicou:

– Meu neto, os furos são necessários para que a água possa sair de dentro do vaso em forma de vapor, e quando isso acontece, toda a parte externa do pote fica molhada, aparecendo, nitidamente, a beleza dos desenhos.

O menino ficou maravilhado e concluiu:

– Então, é preciso conservar o vaso sempre cheio de água vovô, pois assim todos podem ver sua beleza.

– Muito bem! – respondeu o avô entusiasmado com o neto, aproveitando a ocasião para dar mais uma lição ao garoto:

– Nós somos parecidos com este vaso: exalamos o que está em nosso interior. Se tivermos paz, transmitiremos paz para as pessoas com as quais convivemos e elas perceberão a beleza da paz em nossa fisionomia. O contrário também é verdadeiro. Se tivermos inquietude, transmitiremos inquietude para as pessoas, pois essa agitação será revelada através da nossa fisionomia ou gestos. É muito importante alimentarmos os bons sentimentos para que possamos exalar bom cheiro no ambiente onde vivemos.

Nesse momento, o menino senta-se ao lado do avô e, todo contente, passa a ajudá-lo na confecção do vaso.

Releia esta história,
analisando o que ela tem a ver com você.
Use as perguntas abaixo para auxiliar sua reflexão.

- Que tipo de sentimentos você experimenta com mais intensidade em seu interior?

- Considerando os seus sentimentos mais comuns, analise que tipo de contribuição você dá para o ambiente onde vive.

- O que você transmite através de sua fala, fisionomia e gestos?

Quanto mais paz você exala, mais se torna uma pessoa bonita

Na Bíblia encontramos uma frase que nos confirma o conteúdo desta história: "A boca fala do que está cheio o coração".

Existe uma profunda verdade nisso e, com a nossa experiência de convivência com as pessoas, já percebemos ser uma realidade.

Outra frase que ratifica esta ideia é: "Só se dá o que se tem" ou "Ninguém dá o que não tem". São expressões que transmitem a mesma mensagem e nos alertam para a importância de determos a nossa atenção naquilo que sentimos e cultivamos em nosso interior.

Todos nós somos como um recipiente que carrega algo em seu interior e que transmite a sua essência ao meio onde se encontra. Essa transmissão é feita através de nossa fala, fisionomia e gestos.

Podemos contribuir para a paz ou para a guerra, para o bem ou para o mal, para a vida ou para a morte.

Há pessoas que cultivam dentro de si pensamentos e sentimentos que não são bons nem para elas nem para as pessoas a sua volta. Raiva, ciúme, inconformismo, angústia, tristeza são exemplos de emoções desconfortáveis que podem ser exaladas através de palavras e atitudes, deixando a pessoa com a cor e a fisionomia desses sentimentos.

Essas pessoas são como aquele pote que exala, através dos pequenos furos, o que está lá dentro dele; mas, diferentemente do pote que refresca e acalma, elas provocam agitação e mal-estar no ambiente em que se encontram.

Você pode se tornar um pote agradável para todas as pessoas com as quais convive, evitando cultivar em seu interior pensamentos negativos e alimentando emoções capazes de exalar bem-estar.

Lembre-se de que você já possui, em potencial, a paz, a alegria, o amor e outros sentimentos desse tipo; não será difícil nutrir essas emoções, pois trata-se apenas de resgatar a sua verdadeira essência.

Exercício de introspecção

Espreguice o seu corpo, alongue seus braços para cima, para trás, para a frente e para os lados. Abra a boca, boceje e procure se acomodar confortavelmente onde você está. Relaxe o peso do seu corpo. Descontraia os músculos e sinta o ar fazendo uma limpeza em você.

Coloque as duas mãos no abdômen e sinta a respiração como um processo de desintoxicação, onde o ar leva para dentro de você muita paz e coloca para fora tudo aquilo que lhe tira a tranquilidade.

Relaxe ainda mais, descontraia a face, a testa, as sobrancelhas, os lábios, a língua dentro da boca. Desligue-se do que está ao seu redor. Pense que esse momento é só seu, aposse-se dele para fazer uma viagem para dentro de si mesmo, usando a sua imaginação.

Conte de cinco a zero e, a partir daí, você terá uma experiência de paz e de espiritualidade.

Imagine-se como um pote. Reflita sobre o que você tem colocado dentro desse pote. Comece pela sua alimentação, analisando que tipo de alimento tem ingerido ultimamente. Avalie se são saudáveis na quantidade e qualidade. Que tipo de cuidado tem dispensado a esse pote, que é você?

Considere que as bebidas alcoólicas, fumo, drogas nocivas, alimentos inadequados e exagerados agridem o seu corpo, trazendo-lhe muitos problemas. Analise, também, seu organismo emocional: os pensamentos e sentimentos mais comuns em seu interior e o quanto eles contribuem para você ser uma pessoa feliz ou infeliz.

Encha-se do desejo de mudar e aproveite esse momento para se comprometer a evitar tudo o que é prejudicial à sua vida. Deixe fluir no seu íntimo a motivação e a perseverança.

Se você precisa de forças para realizar essas mudanças, pense, agora, em Jesus e converse com ele:

– Jesus, eu desejo mudar meus hábitos, ajuda-me!... (repita várias vezes).

– Jesus, eu desejo mudar meus pensamentos, ajuda-me!... (repita várias vezes).

– Jesus, eu desejo me encher de bons sentimentos, ajuda-me!... (repita várias vezes).

– Jesus, eu desejo exalar alegria e paz, ajuda-me!... (repita várias vezes).

– Jesus, Jesus, Jesus... (repita várias vezes).

Para auxiliar em sua transformação interior

- Esteja atento aos seus sentimentos. Procure alimentar aqueles que lhe proporcionam paz e evite os que lhe provocam inquietude interior.

- Observe a sua forma de se comunicar com as pessoas e procure passar paz através de sua voz, fisionomia e gestos.

- Acredite que a paz já faz parte da sua essência e que você pode ser seu mensageiro neste mundo.

- Seja qual for a situação, mantenha-se em paz.

Nem todo barulho é ruim

Uma situação de conflito pode causar barulho, mas pode também servir para melhorar a nossa vida.

*De que forma você interpreta
as turbulências em sua vida?*

O terremoto

Uma aldeia, situada num vale muito bonito, foi atingida por um terremoto.

Os habitantes daquele local nunca haviam passado por tal experiência.

Embora não houvesse vítimas fatais, algumas casas tiveram fortes rachaduras e as pessoas ficaram com muito medo do fenômeno se repetir; por isso, foram consultar um geólogo que morava próximo da região.

– Uma coisa horrível aconteceu – falou o representante da comunidade da aldeia. – Fomos atingidos por um terremoto e estamos desesperados!

Depois de escutar o desabafo daquelas pessoas, o geólogo explicou:

– De vez em quando, lá dentro da terra, há algumas diferenças que precisam ser ajustadas; uma camada se choca com outra a fim de diminuir as lacunas entre elas, proporcionando, assim, uma melhor estabilidade no solo. Isso provoca ruído e tremor.

O representante comunitário, que escutava atentamente, pediu maiores explicações:

– Mas por que fazem tanto barulho e tremor?

– A princípio, um choque pode causar ruído e estremecimento – continuou o geólogo –, porém isso não deve ser interpretado como algo negativo; é como se fosse a voz da terra falando que está procurando ajustar aquilo que está desorganizado dentro dela.

— Estamos com medo, pois o barulho é grande — completou um dos habitantes da aldeia atingida pelo abalo.

— Se suas casas tiverem uma boa base não precisam se preocupar, só cairá aquilo que estiver podre ou mal construído — concluiu o especialista, que continuou explicando:

— Na vida existem, também, algumas situações que podem ser encaradas como verdadeiros terremotos. Acontecem de uma hora para outra, e causam barulho e agitação; entretanto, depois que elas passam, nos deixam mais fortes. Tudo que está podre deve cair para ser reconstruído. Nem todo barulho é ruim.

Depois de escutarem as palavras do geólogo, as pessoas voltaram diferentes para a aldeia; além de ficarem mais calmas em relação ao fenômeno geológico, aprenderam uma nova maneira de interpretar suas próprias dificuldades pessoais.

> *Releia esta história,
> analisando o que ela tem a ver com você.
> Use as perguntas abaixo para auxiliar sua reflexão.*
>
> - Você já passou por uma situação em que parecia que tudo estava destruído, mas depois percebeu que ela foi útil e necessária?
>
> - Você já analisou o que está podre e que precisa ser reconstruído na sua vida?
>
> - Como você interpreta o barulho dos conflitos que acontecem nas diferentes áreas em que você vive?

De alguma forma, todo terremoto é útil e necessário e passa no tempo oportuno

Muitas vezes vivemos situações que se assemelham a verdadeiros terremotos: muito barulho e confusão. São fatos que nos dão a sensação de que estamos vivendo verdadeiras tragédias e, nesse momento, pensamos que tudo vai desabar. Algumas vezes, ficamos apavorados e entramos em pânico.

Na vida é comum passarmos por situações difíceis, como desemprego, separação, traição, doenças ou outros tipos de problemas.

O importante é realizarmos uma leitura desses fatos, a fim de compreender o recado que eles nos dão.

Inicialmente, precisamos aceitá-los como um mensageiro que bate a nossa porta, a fim de nos dar um recado; a partir daí, evitando sentimentos de revolta ou inconformismo, devemos partir para interpretá-lo, observando o cenário de forma mais ampla, incluindo o "antes" e o "depois"; dessa maneira a nossa visão para perceber o terremoto estará maior e poderá compreender não só o porquê, mas o para quê do ocorrido. Quando você viver uma situação de terremoto, procure controlar suas emoções e encará-la positivamente, pois, como num fenômeno geológico, esse transtorno é, também, uma acomodação de camadas internas, e depois que tudo passar, as coisas voltarão para os seus devidos lugares.

Um terremoto não é uma tragédia em sua vida, mas uma oportunidade de modificar as coisas que estão mal organizadas.

Exercício de introspecção

Espreguice o seu corpo, alongue seus braços para cima, para trás, para o lado direito, para o lado esquerdo. Abra a boca, boceje e procure se acomodar confortavelmente onde você está.

Relaxe o peso do seu corpo. Descontraia os músculos e sinta o ar fazendo uma limpeza em você.

Coloque as duas mãos sobre o abdômen e sinta a respiração como um processo de desintoxicação, onde o ar leva para dentro de você muita paz e coloca para fora tudo aquilo que lhe tira a harmonia interior.

Eu lhe convido a fazer uma viagem, e para isso se acomode bem em sua cadeira, relaxe ainda mais, descontraia a face, a testa, os lábios, a língua dentro da boca.

Desligue-se dos ruídos exteriores. Pense que esse momento é só seu, aposse-se dele para fazer uma caminhada para dentro de si mesmo usando a sua imaginação.

Conte de cinco a zero e, a partir daí, você terá uma experiência de paz e de espiritualidade.

Imagine os terremotos da sua vida. Procure trazê--los a sua mente. Um a um. Observe como num filme as situações em que você se sentiu sem chão, os conflitos, as surpresas desagradáveis, os problemas, aquilo que provocou muito barulho. Visualize cada fato como um terremoto... Relembre os seus sentimentos na época e como ainda sente tudo isso... Você perceberá momentos em que experimentou medo, tristeza, decepção... outras vezes sentiu raiva, revolta, mágoa, culpa ou solidão... Em meio a tudo isso, procure enxergar a presença de Jesus, compreendendo todas as suas emoções e pensamentos.

Jesus sabe tudo a seu respeito. Ele conhece a história de cada um de nós, sabe dos nossos terremotos...

Imagine você olhando para ele e pedindo-lhe muita luz, paz, força e coragem para recomeçar. Fale:

– Jesus, eu desejo entender a utilidade desses terremotos em minha vida... (repetir várias vezes).

– Jesus, eu desejo perceber com clareza onde eu preciso mudar... (repetir várias vezes).

– Jesus, desejo me fortalecer com a tua luz e a tua paz para recomeçar... (repetir várias vezes).

– Jesus, eu desejo e permito que todas as situações de terremoto da minha vida me transformem numa nova pessoa... (repetir várias vezes).

– Jesus, Jesus, Jesus... (repetir várias vezes).

Para auxiliar em sua transformação interior

- Diante das turbulências da sua vida, mantenha a calma e procure analisar o que precisa ser reorganizado.

- Não lamente por muito tempo as perdas causadas por um terremoto; procure reconstruir sua vida com o que restou, ou seja, com aquilo que você possui no momento.

- Avalie as situações de barulho ou transtornos pessoais e imagine que tudo acontece para mudar o seu estilo de vida.

Existe um mundo bem maior do que aquele em que vivemos

$\mathcal{A}$ vida está cheia de possibilidades e perspectivas novas. Quando despertamos para isso, o mundo se torna maior para nós.

*Você já percebeu que,
quando alguém desperta para as novas possibilidades,
amplia o mundo em que vive?*

O peixe da enxurrada

Era uma vez um peixe que vivia muito feliz num tanque de uma reserva florestal. Um dia, depois de uma grande chuva, outro peixe apareceu no local, trazido pela enxurrada.

A partir daí começou uma amizade entre os dois que passaram a dividir o mesmo espaço.

Nas suas conversas, o peixe forasteiro falava do lugar de onde veio com muito entusiasmo e afirmava que era muito maior e mais bonito do que aquele tanque.

Já o peixe anfitrião não acreditava nas palavras de seu hóspede e dizia que ali era o melhor lugar para um peixe viver.

– Um dia, quando chover bastante e a enxurrada voltar, eu voltarei para a minha casa e poderei levá-lo para conhecer a represa onde eu moro – dizia o peixe visitante, demonstrando saudade ao lembrar-se de seu lugar de origem.

Por mais que ouvisse falar em um local maior do que seu tanque, o peixe da reserva florestal não se convencia de que existia um lugar maior do que aquele no qual vivia.

Quando voltou a temporada de chuva, o peixe forasteiro se preparou para retornar ao lar e insistiu para que o amigo fosse passar um tempo com ele.

– Eu irei com você apenas para conhecer sua casa e ver se realmente ela é grande do jeito que você comenta – dizia o peixe anfitrião.

Na manhã seguinte, esperaram a enxurrada e através dela conseguiram chegar até a represa, depois de um longo tempo.

Ao ver tanta água, o peixe que vivia no tanque custou a acreditar que aquilo não se tratava de um sonho.

– Só acredito porque os meus olhos estão vendo – falou o peixe da reserva florestal, ainda sob o impacto da imensidão da represa. – Realmente este lugar é bem maior do que aquele em que eu fui criado.

A partir daí a amizade entre eles se fortaleceu e onde um estava podia-se ver, também, o outro.

Releia esta história,
analisando o que ela tem a ver com você.
Use as perguntas abaixo para auxiliar sua reflexão.

- Como você encara as novas oportunidades na sua vida pessoal e profissional?

- Como está a sua disposição para ultrapassar certas fronteiras que já estão sinalizando que precisam ser ampliadas?

- Você se sente estagnado em alguma área de sua vida?

O fato de não conhecermos melhores opções não significa que essas opções não existam

Esta história o convida a refletir sobre as infinitas oportunidades que a vida oferece e como está a sua disposição para aproveitá-las.

Da mesma maneira que o peixe da represa foi arrastado pela enxurrada até o tanque e, nesse momento, pôde conhecer um local diferente daquele em que morava, assim também na sua vida podem acontecer enxurradas de fatos ou situações a fim de lhe possibilitar conhecer novos caminhos que, se não fossem certas "enxurradas", não conheceria.

Algumas vezes, sem percebermos, criamos um mundo particular para viver e ali permanecemos confinados sem notarmos que limitamos nossa vida. Como o peixe do tanque, custamos a despertar para horizontes maiores.

Dentro dos nossos "mundinhos", nos sentimos seguros e nos acomodamos com o que já conhecemos ou já conquistamos.

A mesmice, a monotonia e a estagnação, proveniente da acomodação nas várias áreas da nossa vida, nos levam à insatisfação pessoal.

Há um mundo muito maior do que aquele que nossos olhos veem, mas para enxergá-lo é preciso ouvir a voz do coração e não ter medo de encarar o novo.

Há pessoas que limitam a sua vida profissional por medo de enfrentar os desafios de um novo emprego, cargo ou função.

Há quem fixe moradia em determinados lugares e não cogite conhecer novas regiões, pois já está acostumado com os amigos e o bairro onde mora.

Se por um lado a estabilidade nos dá segurança, por outro pode nos estagnar.

O mundo atual está em constante mudança e exige que o ser humano evolua tanto na vida pessoal como profissional. É preciso coragem para conhecer e enfrentar novos desafios para acompanhar a dinâmica da vida.

Entretanto, é necessário ter cuidado para não chegarmos ao exagero, do contrário, corremos o risco de nos tornar pessoas volúveis e insaciáveis.

O bom senso e nossa escala de valores devem nos servir de sinais para regular nossas buscas.

Exercício de introspecção

Acomode-se bem onde está e respire profundamente.

Prepare-se para realizar uma viagem onde você irá voar. Imagine um bosque muito tranquilo, cheio de árvores, pássaros, flores, onde você se encontra andando em meio a essa natureza.

Sinta a paz desse lugar, o cheiro da terra, a suavidade do vento tocando delicadamente sua pele.

Escolha um local para sentar-se e desfrutar do prazer de estar ali. Sente-se embaixo de uma árvore e, por alguns minutos, deixe que a harmonia desse lugar lhe envolva totalmente.

Você sente-se cada vez mais calmo e tranquilo.

Agora, imagine que o vento vai levá-lo para um lindo voo sobre a região. Prepare-se para o voo. Pense que o vento carrega-o e impulsiona-o para cima.

Sinta-se no ar, voando como uma gaivota.

Lá de cima você pode observar a beleza do bosque.

Quanto mais alto voa, melhor consegue enxergar o local e tudo que nele há.

Agora você percebe que existem outros bosques além daquele em que estava; são também bonitos, mas com vegetação bem diferente um do outro. E você se maravilha com tanta variedade de cores e formas.

Nesse momento você tem uma surpresa. O céu se enche de luz e aparece Jesus, sorrindo e olhando-o. Ele se aproxima e diz:

– O mundo é muito maior do que você pode imaginar. Não tenha medo de conhecer novos horizontes.

Ouvindo isso, você se enche de vontade de ampliar os seus limites e fala para Jesus:

– Jesus, dá-me coragem para superar o medo do novo... (repetir várias vezes).

– Jesus, ajuda-me a sair da mesmice, a fim de crescer em todas as áreas da minha vida... (repetir várias vezes).

– Jesus, mostra-me novos horizontes, novas possibilidades... (repetir várias vezes).

– Jesus, desejo escutar a tua voz no meu coração... (repetir várias vezes).

– Jesus, Jesus, Jesus... (repetir várias vezes).

Para auxiliar em sua transformação interior

- Analise como está sua capacidade de enxergar além daquilo que você vê e procure alargar sua percepção sobre o mundo à sua volta.

- Considere que as oportunidades podem aparecer naturalmente na sua vida pessoal ou profissional. Tenha coragem para aceitar novos desafios.

- Nos setores estáveis de sua vida, tenha cuidado com o comodismo, pois ele pode levá-lo à estagnação. Procure inovar aquilo que já se tornou comum.

O êxito depende do planejamento

Ao programarmos nossas ações com certa antecedência, evitamos estresse desnecessário e atingimos melhores resultados.

*Você conhece alguém que se programa para tudo
ou que vive no improviso
e não se programa para nada?*

O ovo da ema

Um fazendeiro ganhou um casal de emas.

Muito entusiasmado, diariamente, cuidava dos animais com todo carinho.

Certo dia, ao levantar bem cedo, como de costume, para tratar das aves, surpreendeu-se com alguns ovos dispersos no mato.

Ficou muito contente com a ideia de a família aumentar e, com receio de os ovos serem devorados por predadores, ele recolheu-os no celeiro, esperando que a ema chocasse ali.

Dias se passaram sem que a fêmea fosse cuidar de seus ovos, que acabaram por se estragar.

Decepcionado com a perda, resolveu consultar um amigo veterinário, que lhe explicou o ocorrido:

– Quando a ema vai chocar seus ovos, primeiro põe alguns no mato, distribuídos ao redor da região em que ela fará o seu ninho. Esses ovos não serão chocados, pois servirão, posteriormente, de alimento para os futuros filhotes. Na época em que os filhotes nascem e precisam de alimento, a mamãe ema já sabe onde encontrá-lo e diariamente vai até um dos ovos abandonados no capim, que já estão podres, bica sua casca e espera a chegada de pequenos insetos, atraídos pelo cheiro. Nesse momento os seus filhotes aproveitam para se alimentar desses bichinhos.

Ao escutar a explicação do veterinário, o fazendeiro entendeu que ele havia recolhido do mato os ovos que serviriam de alimento para as futuras eminhas e, assim sendo, prevendo a falta de alimento para seus filhotes, a mamãe ema não chocou ovo algum.

Naquele dia, além de entender mais sobre o comportamento das emas, o fazendeiro aprendeu uma grande lição de vida que mostrava a importância de realizar ações com planejamento.

> *Releia esta história,*
> *analisando o que ela tem a ver com você.*
> *Use as perguntas abaixo para auxiliar sua reflexão.*
>
> - Você planeja suas atividades com antecedência?
>
> - Você costuma descumprir horários por não conseguir planejar bem o seu tempo?
>
> - Perde prazos e, com isso, paga multas, sofrendo alguns prejuízos?

Programar ações com antecedência nos torna pessoas mais eficientes e mais felizes

Há pessoas que se programam para tudo; outras, para nada.

O costume de programar-se com antecedência pode estar muito ligado ao temperamento da pessoa e, também, à prática de hábitos sistemáticos.

Há quem seja acostumado desde pequeno a arrumar a própria cama, lavar as roupas íntimas e organizar seu armário. Existe, também, quem nunca se preocupou com isso, tornando-se um adulto que não assume suas responsabilidades pessoais.

Se na época de criança somos acostumados a organizar nossas coisas pessoais, planejar atividades com antecedência e respeitar horários, quando nos tornamos adultos mais facilidade teremos de organizar e planejar, com antecedência, nossos compromissos, evitando assim estresses desnecessários.

Entretanto, o contrário também é verdadeiro, ou seja, quem viveu num ambiente em que os adultos não praticavam o planejamento, quando crescer estará propenso a não organizar com antecedência suas ações, o que pode trazer como consequência alguns prejuízos, entre eles perda de tempo, problemas de relacionamento, baixa qualidade nos trabalhos realizados.

Improvisar é bom até certo ponto, pois nos permite saber lidar com surpresas inesperadas e conseguir encontrar soluções rápidas com aquilo que temos nas mãos ou que a situação nos permite.

Há pessoas que são muito boas no improviso e terminam fazendo tudo de última hora, pois confiam na sua habilidade de encontrar soluções para problemas sem se preocupar com eles antecipadamente. Se por um lado isso evita um estresse desnecessário provocado pela ansiedade do planejamento, por outro, pode acostumar a pessoa a não se programar naquilo que deveria ser pensado e elaborado com antecedência.

Para avaliarmos o quanto o improviso está instalado em nossa vida, podemos nos lembrar da nossa época de estudante, em que fazíamos os trabalhos escolares, estudávamos para as provas e nos preparávamos para os seminários em grupo.

Se, já nessa época, éramos uma daquelas pessoas que viviam estudando de última hora, é bem provável que essa característica seja inata.

O improviso pode ser reforçado com os resultados, principalmente se o improvisador de alguma forma sempre acaba se saindo bem.

Para essas pessoas, a vida passa a ser um improviso e elas deixam "tudo" para a última hora, acreditando que, no final, tudo dará certo.

O hábito de programar as nossas ações na medida certa pode nos dar resultados ainda melhores, pois nos oferece oportunidade de sermos mais eficientes e termos mais êxito naquilo que fazemos.

Se você é bom de improviso, imagine o que mais pode fazer caso se programe com antecedência! Além do mais, isso evitará estresse e desgaste emocional desnecessários para você e para as pessoas com as quais convive.

Para aquelas pessoas que já possuem o hábito de programar suas ações, é preciso ter sempre de reserva uma boa dose de improviso para usarem diante do inesperado, pois é saudável e necessário considerar que as coisas podem acontecer diferente do programado.

Exercício de introspecção

Acomode-se bem onde está.
Relaxe, respire fundo, espreguice, boceje...
Descontraia a cabeça, a nuca, os ombros, as costas.
Relaxe o abdômen, as pernas e os pés.
Coloque as mãos sobre o abdômen para observar a dança da vida acontecendo em seu organismo.
Imagine que a sua respiração é a coisa mais importante que possui, porque sem ela você não pode fazer nada.
Sinta alegria por estar vivo.
Sinta alegria em respirar.
Perceba esse ar que entra e sai de você como um precioso presente.
Experimente essa respiração como sendo uma deliciosa sobremesa.
Imagine que, cada vez que o ar entra nos seus pulmões, o presenteia com paz e contentamento.
Você está cada vez mais leve e mais tranquilo.
Tudo que deseja agora é ser uma pessoa saudável, equilibrada, corajosa e alegre. Pense que essas

características estão sendo impressas em suas células através desse ar que você respira.

Imagine, agora, Jesus chegando até você e envolvendo-o numa imensa luz.

Pense que a luz de Jesus está tocando todo o seu corpo, entrando pelos seus poros, caindo na sua corrente sanguínea e chegando até seu sistema nervoso e suas células de memória.

Sinta-se tomado por essa luz. Ela está acalmando-o, equilibrando-o, restaurando-o.

Fale com Jesus. Agradeça-lhe esse momento tão especial, diga:

– Jesus, obrigado por esta luz... (repita várias vezes).

– Jesus, eu desejo que esta luz organize o meu corpo, a minha mente e o meu espírito... (repita várias vezes).

– Jesus, ajuda-me a organizar, sem ansiedade, as minhas ações e que eu saiba conviver com o inesperado... (repita várias vezes).

– Jesus, Jesus, Jesus... (repita várias vezes).

Para auxiliar em sua transformação interior

- Observe o quanto você programa suas ações e avalie se sua vida está precisando de um melhor planejamento.

- Evite estresse desnecessário. Estabeleça prazos e horários para suas atividades.

- Experimente fazer seu trabalho com certa antecedência, isto, além de melhorar a qualidade de suas ações, lhe fornecerá mais tempo para outras atividades e condições para lidar com as surpresas inesperadas.

Romper as amarras do sentimento de incapacidade

Quando acreditamos que podemos, podemos, mas quando cremos que não podemos, não podemos.

*Você já conseguiu se libertar
de uma situação na qual se sentia amarrado
depois de alterar sua maneira de pensar sobre ela?*

O elefante amarrado

Um elefante foi capturado na selva ainda filhote e encaminhado a um zoológico, onde foi amarrado em uma estaca por uma corda presa em uma de suas patas, a fim de não fugir.

A princípio ele tentou se livrar da corda, mas não teve êxito, pois ainda era filhote e sua força era menor do que aquilo que o detinha.

Com o tempo, ele desistiu de lutar contra a corda e a estaca que o prendiam no chão, pois os fracassos lhe convenceram de que aquilo era mais forte do que ele.

O tempo passou, o elefante cresceu e se tornou um animal adulto, capaz de arrastar até um carro; entretanto, todas as vezes que o seu dono precisava dominá-lo, bastava amarrar uma corda em uma de suas patas e a outra extremidade numa estaca fincada no chão.

A partir daí, o animal se rendia deitando-se no solo e permanecendo ali até alguém levá-lo para outro local.

Estava claro que aquela estaca não podia mais deter o animal, pois ele havia se tornado bem mais forte do que ela, porém o sentimento de incapacidade que o elefante havia registrado quando se encontrava diante da estaca bloqueava a sua iniciativa de tentar se livrar dela.

Algumas vezes agimos como esse elefante. Diante das situações em que no passado nos sentimos derrotados, a nossa mente registra uma sensação de impotência e passamos a acreditar que nunca conseguiremos superá-las, mesmo depois de o tempo ter transcorrido e já termos condições suficientes para reagir e vencer essas situações.

> *Releia esta história,*
> *analisando o que ela tem a ver com você.*
> *Use as perguntas abaixo para auxiliar sua reflexão.*
>
> - Você já se sentiu como esse elefante, impotente diante de algo ou de alguém?
>
> - Na sua vida, existe alguma situação diante da qual você se sente fracassado e, por isso, se acomodou a ela?
>
> - Atualmente, onde você se sente amarrado?

Quando desejamos, escolhemos e decidimos superar as fraquezas, descobrimos que somos mais fortes do que imaginávamos

Uma criança tem pouca força física em relação a uma pessoa adulta, porém, à proporção que ela cresce, sua força aumenta e passa a ter condições de enfrentar situações que exigem a força de um adulto.

Assim como o corpo físico, o nosso organismo emocional cresce ao longo da nossa história, aprendendo e se fortalecendo com os nossos erros e acertos, conquistas e fracassos.

É importante analisarmos a nossa história, a fim de refletirmos sobre alguns comportamentos e sentimentos que apresentamos diante de determinadas situações, pois algumas vezes, por termos fracassado em certas ocasiões do passado, cremos que será assim para a vida toda. É bom lembrar que, mesmo quando fracassamos, depois de algum tempo podemos encarar essas dificuldades de forma mais amadurecida; provavelmente, já teremos condições e forças suficientes para vencê-las. Por isso, é tão importante a atualização de nossos conceitos a respeito de nós mesmos, pois estamos sempre evoluindo, e o que ontem não conseguimos realizar, poderemos consegui-lo hoje ou amanhã.

A todo momento podem surgir empecilhos para a nossa felicidade, isso faz parte da vida; entretanto, cabe a cada um desejar, escolher e decidir usar as experiências como forma de aprendizagem para se libertar das amarras do sentimento de incapacidade.

Exercício de introspecção

Acomode-se onde você está.

Procure relaxar todo o peso do corpo. Pense que está se desligando de tudo que o prende a estacas diante das quais você sente-se amarrado.

Imagine o ar entrando nos seus pulmões, chegando a todas as suas células e renovando as forças do seu corpo, da sua mente e do seu espírito.

Visualize uma estaca e procure pensar que ela representa cada situação em que você sente-se preso ou impotente.

Pense em tudo: situações emocionais, materiais, espirituais, vícios que prejudicam sua saúde, comportamentos ou atitudes que o escravizam.

Imagine que essas estacas dominaram-no durante muito tempo, mas que agora você escolhe se libertar delas.

Lembre-se do elefante da história: ele já havia crescido e a sua força também, mas não a usava porque acreditava que não era capaz.

Pense que você é como esse elefante: o tempo passou... você chorou e sorriu, ganhou e perdeu, errou e acertou, e por isso se tornou mais forte e capaz de agir diferente, libertando-se dessas amarras.

Se você não conseguir fazer sozinho, pense em Jesus vindo ajudá-lo. Imagine como ele curava a todos que pediam sua ajuda.

Cegos, paralíticos, possessos, surdos, moribundos, errantes... Todos que reconheciam o seu poder e desejavam ser curados, eram libertados de suas amarras.

Pense em Jesus e sinta o seu olhar sobre você.

Apresente a ele as estacas da sua vida, às quais se sente amarrado, escravizado.

Sinta que ele o abraça, passando-lhe muita luz.

Você fica todo iluminado, incandescente. Imagine que nesse momento Jesus lhe deu toda força necessária para se libertar de suas amarras.

Ele lhe fala:

– Você está livre, aposse-se desta liberdade.

Ouvindo isso, você responde para Jesus:

– Jesus, eu não quero ser escravo de nada, nem de ninguém... (repetir várias vezes).

– Jesus, liberta-me de todas as algemas que me escravizam... (repetir várias vezes).

– Jesus, eu faço a opção pela vida e pela liberdade... (repetir várias vezes).

– Jesus, obrigado por eu ser uma pessoa livre... (repetir várias vezes).

– Jesus, Jesus, Jesus... (repetir várias vezes).

Para auxiliar em sua transformação interior

- Analise sua vida e observe onde você se sente amarrado. Pergunte-se por que e há quanto tempo você se encontra assim.

- Observe essas amarras diminuindo de tamanho diante de você. Agora sinta que você é bem maior que elas e que já possui condições de vencê-las.

- Avalie como está a sua capacidade de superação. Considere que, mesmo se sentindo incapaz, você tem toda força necessária para enfrentar as dificuldades e vencê-las.

Paulinas

Rua Dona Inácia Uchoa, 62
04110-020 – São Paulo – SP (Brasil)
Tel.: (11) 2125-3500
http://www.paulinas.com.br – editora@paulinas.com.br
Telemarketing e SAC: 0800-7010081